Qiaoliang Qiangxiu Jiagu Shigong ji Chengtao Guanli Jishu

桥梁抢修加固施工及成套管理技术

靳俊中　李　青　等◎编著

人民交通出版社股份有限公司
China Communications Press Co.,Ltd.

内 容 提 要

本书以2014年7月发生于郑州西绕城高速公路须水河支沟桥灾害事故为背景，重点介绍了桥梁应急抢修加固的相关概念、技术现状及常见灾害事件；阐述了混凝土梁桥的常见病害及相应加固方法、应急抢修相关关键技术，分析了须水河支沟桥灾害事故、桥梁加固设计和施工方案；详尽介绍了应急抢修过程中的施工工艺，并探讨了桥梁应急抢修施工监控和抢修后的荷载试验评价。

本书可供从事桥梁应急检修加固施工的工程技术与管理人员使用，亦可供相关院校师生参考和借鉴。

图书在版编目(CIP)数据

桥梁抢修加固施工及成套管理技术/靳俊中等编著.
— 北京：人民交通出版社股份有限公司，2015.3
ISBN 978-7-114-09774-4

Ⅰ.①桥… Ⅱ.①靳… ②李… Ⅲ.①桥—维修②桥—加固③桥梁施工—施工管理 Ⅳ.①U445.7②U445.1

中国版本图书馆CIP数据核字(2015)第016339号

书　　名：桥梁抢修加固施工及成套管理技术
著 作 者：靳俊中　李　青　等
责任编辑：尤　伟
出版发行：人民交通出版社股份有限公司
地　　址：(100011)北京市朝阳区安定门外外馆斜街3号
网　　址：http://www.ccpress.com.cn
销售电话：(010)59757973
总 经 销：人民交通出版社股份有限公司发行部
经　　销：各地新华书店
印　　刷：中国电影出版社印刷厂
开　　本：787×1092　1/16
印　　张：8
字　　数：180千
版　　次：2015年3月　第1版
印　　次：2015年3月　第1次印刷
书　　号：ISBN 978-7-114-09774-4
定　　价：40.00元

《桥梁抢修加固施工及成套管理技术》

编　委　会

主 任 委 员：魏道平

副主任委员：耿丙彦　干英辉　梁全富

委　　　员：周合宽　蔡万军　孟　全　靳俊中　李　青

孙红宇　盛　羽　胡　锋　杨　军

编 写 人 员

主　　编：靳俊中　李　青

副 主 编：孙红宇　于新政

编写人员：拓宁博　程　坤　沈建涛　唐国斌　聂新军

李　庆　杨成超　余其蔚　梁婧媛　张向明

张　军　李传明　高　建

序

随着我国经济持续快速的发展，我国交通运输事业也迎来一个辉煌的时代。桥梁是我国现代化建设的重要交通基础设施，是人类科技文明的结晶，据不完全统计，截至2013年年底，我国公路桥梁达74万座、总长近4万公里，公路桥梁建设实现了跨越式发展。随着交通量和重型车辆的不断增加，由于承受反复的车辆荷载、爆炸冲击、撞击，以及暴雨、洪水、地震、冻融等自然因素的侵蚀破坏，桥梁使用功能和行车舒适性日趋退化；也由于建设年代久远，设计和施工留下了一些缺陷，桥梁出现大量的病害，甚至于坍塌，造成交通中断。

桥梁处于道路咽喉，是交通运输的关键节点，一旦发生灾损，势必会严重影响路网畅通和安全运营，对人民生活和社会经济产生巨大负面影响。实施、研究桥梁应急抢修工作，为紧急情况下道路抢通工作建立技术方案库，通过对各种潜在抢通方案及路径进行比对，能根据现场实际情况，快速、方便地选取具有最佳效费比的抢修方案，从而减少或避免资源浪费以及对环境的不利影响，创造巨大社会效益和经济价值。

该书注重理论与实践、管理与技术相结合，对高速公路桥梁的抢修加固施工工艺以及管理进行了系统探索，总结归纳出一套较为完整的方法和技术，具有较强的理论创新性和实践应用可操作性，对于指导高速公路桥梁抢修加固具有重要的推广参考价值，为我单位及兄弟企业今后的施工与管理提供宝贵的经验，具有一定的实践借鉴意义。

魏道升

2015年1月

前　言

由于桥梁所处的环境位置，承受自然灾害是不可避免的，灾害事件发生，轻则损伤桥梁结构，影响其安全性和耐久性，重则造成桥梁毁坏、交通中断，使生命与财产造成重大损失。桥梁一旦发生灾害事故，应急抢修将是桥梁相关管理及工程技术人员面临的最为重要的任务。本书以2014年7月发生于郑州西绕城高速公路须水河支沟桥灾害事故为背景，重点介绍了桥梁应急抢修过程中相关检测、监测、设计加固及施工工艺等内容，相关措施可为从事桥梁应急抢修的管理及工程技术人员提供参考和借鉴。

本书共分10章。第1章介绍了相关基本概念和桥梁应急抢修现状；第2章对桥梁常见的灾害事件进行分析；第3章和第4章介绍了混凝土梁桥的常见病害及相应的加固方法；第5章介绍了应急抢修关键技术；第6章对郑州西南绕城高速公路须水河支沟桥灾害事故进行分析；第7章给出事故桥梁的加固设计施工方案；第8章详尽介绍应急抢修过程中的施工工艺；第9章和第10章则分别讨论桥梁应急抢修施工监控和抢修后的荷载试验评价内容，并对抢修加固的特点和创新性进行总结评价。

本书第1章至第5章由李青、于新政、程坤、唐国斌、余其蔚、张向明、梁婧媛、高建编写；第6章至第10章由靳俊中、孙红宇、沈建涛、拓宁博、李庆、杨成超、聂新军、李传明、张军编写。全书由靳俊中、李青和孙红宇统改、校稿。

本书不仅对一项较成功的桥梁抢修加固实例进行了总结，同时对相关理论进行了系统、全面的阐述，旨在与桥梁养护管理人员和技术人员分享实践中的宝贵经验，从而提高桥梁抢修加固的技术水平和质量。由于写作时间仓促及作者水平有限，本书难免有诸多不足之处，敬请各位读者批评指正。

编著者

2015年1月

目　　录

第1章　绪　　论

桥梁是跨越障碍提供通行功能的结构物，桥梁的损坏甚至坍塌将会严重影响通行能力。本章对桥梁病害及灾害、桥梁加固、桥梁应急抢修等基本概念进行介绍，阐述桥梁加固和应急抢修的重要性，并简要总结目前国内外在桥梁应急抢修方面的现状。

1.1 基本概念

桥梁是我国现代化建设的重要交通基础设施。由于承受反复的车辆荷载、爆炸冲击、撞击、暴雨、洪水、地震、冻融等自然因素的侵蚀破坏，特别是交通量和重型车辆的不断增加，加之设计和施工留下的一些缺陷，必然造成桥梁使用功能和行车舒适性的日趋退化，出现大量的桥梁病害，甚至桥梁坍塌，造成交通中断和严重的负面效益。

1.1.1　桥梁病害及灾害

《公路工程结构可靠度设计统一标准》(GB/T 50283—1999)规定公路工程结构必须满足以下功能要求：

(1)正常施工和正常使用时，能承受可能出现的各种作用。

(2)正常使用时，具有良好的工作性能。

(3)在正常维护下，具有足够的耐久性能。

(4)在预计的偶然事件发生时及发生后，仍能保持必要的整体性。

因此，凡由于人为或自然的原因，使桥梁结构出现不符合上述规范和标准要求的一些问题和现象，均可导致桥梁的病害。

桥梁结构的灾害则是指由于人为及自然因素引起的桥梁结构的损坏，甚至桥梁的倒塌。上述人为因素主要包括结构因素、设计因素、施工和管理因素等；自然因素则包括地震、撞击、爆炸、火灾、强风、洪水等因素。

1.1.2　桥梁加固

《公路桥梁加固设计规范》(JTG/T J22—2008)将桥梁加固定义为：对桥梁的主要承重结构、构件及其相关部分，采取增强、局部更换或调整其内力等措施，使其满足现行设计规范的要求。

1.1.3　桥梁应急抢修

对于桥梁可能出现的安全灾害事故，为最大限度地减少桥梁重大事件造成的损失，保障人民群众生命财产安全和车辆顺利通行,须采取及时有效的应急控制措施和抢修工作。

1.2 桥梁加固与应急抢修的意义

1.2.1 桥梁加固的重要性

我国现有的许多公路桥梁是根据20世纪60年代末到80年代初期颁布的设计标准建造的,其设计荷载均较低。随着各种重型运输车辆的不断增加,公路桥梁负荷日趋加重,加之旧桥部分老化、破损或受原设计标准的限制,已不能完全适应现代交通运输的要求,加之其他多种因素的综合影响,有相当数量的桥梁损坏严重,或处于超期运营状态,或早已不符合现代行车标准的要求。由此可见,对旧桥、危桥的加固维修,以及如何提高其承载力的问题研究、试验与推广,是非常必要的。当前国际上已经将桥梁建设的重点放到了旧桥的加固与改造方面,而新建桥梁数量正逐渐减少,国内也向这个方向发展。

国内旧桥加固或改造的经验表明,在一般情况下,桥梁的加固费用约为新建桥梁费用的10%~20%。相对于拆除重建而言,桥梁加固或改造工程不建便道,不中断或少中断交通等,会带来一系列的直接或间接经济效益和社会效益,完全符合桥梁建设的可持续发展策略。

1.2.2 桥梁应急抢修的意义

交通线的破坏对地区经济和人民生活会产生相当大的影响,交通线是连接地区间的纽带,公路运输占运输量的比例一般都不会小于50%,大量人员物资需要通过公路运输,桥梁隧道处于道路咽喉,一旦发生灾损,势必会阻碍运输通畅,对人们生活、社会经济产生巨大负面影响。也正因为桥梁隧道工程的特殊性,其也是在战争中成为重点打击的对象,如其在战争中发生毁损,则很可能对后勤供应和军队的快速行动产生延误。

实施桥梁应急抢修研究工作,为紧急情况下抢通工作建立技术方案库,对各种潜在抢通方法及路径进行比对,能极大地方便根据现场实际情况选取最佳效费比的方法,从而减少或避免资源浪费以及对环境的不利影响,创造巨大社会实际价值。

1.3 桥梁应急抢修研究及应用现状

1.3.1 国外现状

对于桥梁在灾害中受损后的修复措施,各个国家都有不少的研究和应用。其中,欧美等发达国家在修建桥梁隧道前就进行了大量的论证和风险评估,并在设计时增加了安全措施,并在建成后进行大量的监测工作,因此,在灾害发生时,桥梁隧道的损坏明显少于经济欠发达国家。由于制式装备规格统一,便于大规模生产,保存方法单一,使用方便,并且经过专门设计,有相应的使用规范,满足快速、高效的要求,且适合机械化施工,目前发达国家大都倾向于采用制式装备应对突发的桥梁隧道断道灾害。例如现在常见的贝雷片钢桥(图 1-1),以及军用临时桥梁系统。

图 1-1　贝雷片钢桥

美国在历经了银桥坍塌、洛杉矶地震、卡特里娜飓风等数次灾害后,不断完善桥梁检查、维修等安全保障体系。目前已具有 1 套良好的防灾体系,在桥梁管理系统与检测评估制度上也有全国桥梁总编目与全国桥梁检测准则等完善的制度。

由于地震频发,日本在桥梁修复研究中理论和实践方面都比较有经验。1995 年,日本神户兵库县南部发生了里氏 7.2 级地震,给日本造成很大影响,震区内沿海岸线延伸的阪神高速公路受到严重破坏,导致道路桥梁等严重损坏,直接和间接经济损失超过 1 000 亿美元。桥梁管养和施工部门用了 1 年零 8 个月时间就完成了原计划两年时间完成主要干线道路全部修复通车的工作。其中采用的主要修复办法有:

①针对钢筋混凝土墩柱,主筋直通至墩顶,箍筋加密加粗或外包钢板加固。

②针对钢质墩柱,在钢管中浇筑混凝土并增加纵向钢筋。

③梁体增加防落措施,加强梁与柱、梁体之间的相互联系,并在水平和垂直方向设置双重防落梁。

④将上部混凝土桥面板改为钢桥面板,达到减轻上部结构质量的目的。

⑤将整体性较差的简支梁改为整体性较好的连续梁。

1.3.2　国内现状

国内道路桥梁技术、经济以及防灾设计理念等方面发展较慢,但 20 世纪 90 年代以后,人们对桥梁灾害的关注越来越多,科研和财力投入也在逐渐增加,桥梁隧道等相关领域的灾害预防及处治工作逐渐形成了一门新的技术和科研项目,并正走向成熟。

目前,在桥梁发生断道后的交通抢通方面,已经有不少成果。抢通工作主要包括两大类:一是在发生灾害后对原工程加固进而开放交通;二是开辟另外的通道抢通道路。在抢修保通用材方面,较早的有制式装备的应用研究,例如我国通过采用国产钢 16Mn 把贝雷钢桥设计改装成装配式公路钢桥——“321”钢桥(图 1-2)。该种桥梁以最少种类的单元构件,拼装成各种不同荷载、不同跨径的桥梁,只需利用一般的中型货车运输,非熟练工人以人力来搭建。该种装配桥还大量用作施工支架、龙门架、缆索吊立柱。

中交公路规划设计院在“321”钢桥的基础上设计开发了新一代钢桥——HD200 型钢桥,将桁架高度提高到 0.65m 与“321”钢桥相比,承载能力提高很多,强度提高 33%,刚度提高 2.3 倍,跨中竖向挠度也大大减少。

在桥梁修复方面,目前采用的高强复合材料,具有承载性能好、器材质量轻、生存能力强等特点。其中最常用的为碳纤维材料,加固施工时只需将材料粘贴在待修复构件上,施工简单快速，本身质量轻，几乎可以忽略不计，且能适应各类形状的构件。

图 1-2 “321”钢桥

在抢通方法的使用及成果体现方面，《铁路桥梁、涵洞、隧道事故紧急抢修及检测养护实用手册》对铁路桥梁隧道出现断道的应急预案，对多类突发事故的抢修均有比较详细的介绍。

目前，国际上对桥梁突发事故后，桥梁的应急抢修措施发展基本完善。但桥梁在突发情况下受损后缺乏有效的应急响应机制，应急响应机制涉及部门多，需协调范围广，且事先需要有前瞻性预测，预先根据各地实际情况准备相应的物资设备、人员、技术措施进行安排，是十分庞大的工程，有效操作十分困难；而其中，如何在灾损发生后对桥梁工程进行快速有效的评价，是关系到抢险救灾能否顺利实施、后续措施该如何采取的关键性阶段。在灾害发生时，需快速拟定道路绕行预案，对各桥梁隧道制订专用抢修方案，储备抢修用材料，并事前和相应的施工单位约定好，一旦发生灾害引发断道，则立即实施抢修工作。

第2章 桥梁常见紧急事件分析

桥梁结构所处环境非常复杂，不管是在设计阶段、施工阶段，还是在运营阶段，都将受到各种因素的影响，各因素对其产生不利影响甚至导致工程事故的发生。通过对大量桥梁灾害事故的统计，图2-1给出了桥梁全寿命期内面临的安全风险。

本章对桥梁寿命期内的主要风险源进行分析，总结既有桥梁坍塌事故的经验教训，以帮助工程设计、施工和建设阶段的有关技术人员充分了解和控制桥梁工程风险，制订相应的防范措施来控制和降低风险水平。

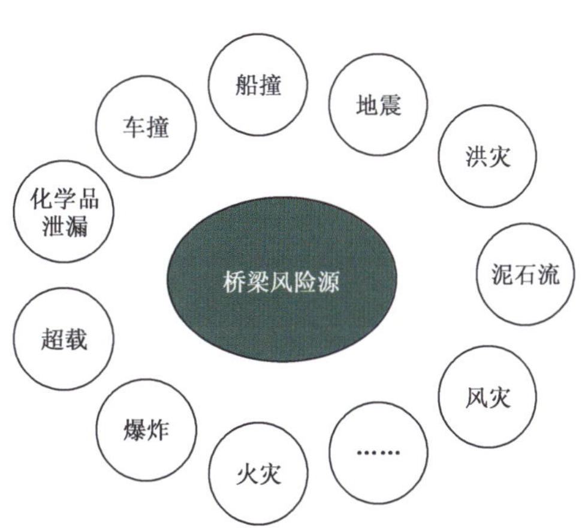

图2-1 桥梁风险种类

2.1 船舶撞击桥梁

桥梁作为跨越航道的建筑物，对船舶航行来说无疑是一种障碍物；同时，桥梁的建成使桥区环境改变，而随着船舶运输业的发展，船舶越来越大，速度越来越快，数量越来越多，因此，处在繁忙航道上的桥梁发生船撞事故是不可避免的（图2-2）。据统计，在1960~2007年间，全世界范围内每年至少有一起严重的船撞桥事故发生，而中国在2007~2013年间更是发生了多起船舶撞击引起的桥梁倒塌事故。

图2-2 船舶撞击桥梁倒塌

桥梁风险存在于桥梁规划、设计、施工、使用、维修、拆除等过程中，船撞桥风险只是若干桥梁风险中的一种，需要统筹考虑。船撞桥风险涉及桥梁、船舶、环境、个人与社会等多个方面，表2-1给出了常见船舶撞击桥梁的风险因素发生机理。

目前，对于船撞桥梁的预防措施主要包括3个方面：一是降低桥梁的易损性；二是降低船撞桥的强度；三是减小船撞桥的概率。前两个措施属“被动防撞”策略，第三种措施属于“主动防撞”策略。

船舶撞击桥梁的风险因素发生机理　　表 2-1

类　型	原因描述
人为失误	1. 缺少技能或无证作业; 2. 疲劳驾驶; 3. 对机械故障反应不当; 4. 饮酒或其他药物导致; 5. 调度不当等
技术不当	系统失效或机械故障
环境影响	水流、风暴、漂浮物或大雾等
桥梁结构不合理	1. 未考虑防撞设计; 2. 防撞装置安装不当 ……

被动防撞就是在桥梁结构设计中合理地考虑桥梁抵抗船舶撞击的能力或采取防撞措施减低船撞对桥梁的直接作用。当桥梁结构整体具有足够的抗船撞能力时,抗撞设施可以是局部的,即防止桥梁局部破坏;当桥梁结构整体不具有足够的抗船撞能力时,就必须采取桥墩及桥梁整体结构的防撞措施。按照桥梁、船舶和防撞设施的损坏程度,可以把桥梁防撞设施分为 3 类:第一类是保护桥墩,如人工岛等,这种防护体系的抗力大于船的冲击力,船舶可能被撞碎,冲击能主要被船舶吸收,该措施对船舶的损害最大;第二类是保护桥墩,但防撞设施一般会损坏,如集群式桩等,该设施对船舶的损坏比第一种小些;第三类是保护桥墩、保护船舶,同时防撞设施也不坏,如三不坏吸能防撞装置——柱桩加钢绳柔性冲击吸能器。

主动防撞是指采取预警、导航、引航、航运管制等综合措施,减小船舶撞击桥梁的概率。在繁忙河道上的桥梁,船舶交通管理系统(VTS)是有效的防范措施,VTS 借助浮标、灯器以及雷达、高频通信系统、GPS 定位系统等,实时掌控大桥周边的船舶航行动态,指挥船舶按规定航线航行。

2.2 车辆撞击桥梁

一般情况下,车辆撞击桥梁可分为三类。

1)车辆撞击防撞护栏

由于车辆失控或其他操作原因,防撞护栏极易受到车辆的撞击作用。据统计,我国交通事故中有 30% 是车辆越出路外造成的,且特大、重大恶性交通事故占该类事故总数的 62 % 以上。按照结构吸能方式的不同,公路防撞护栏分为刚性护栏、半刚性护栏和柔性护栏 3 类。正是由于防撞护栏尤其是高等级公路上的防撞护栏大都进行了防撞设计,一般情况下,相对于对桥梁结构造成的损伤外,大都是造成车辆损坏及人员伤亡事故。但需要注意的是,对于横向连接性能不强的桥梁结构(如装配式空心板桥),桥梁撞击护栏带来的横向撞击力极有可能会造成桥梁横向联系的破坏,进而造成桥梁坍塌事故,如图 2-3 所示。

2)超高车辆撞击桥梁上部结构

随着城市立体交通的发展,由于驾驶人员素质不高,加上监管力度不到位,超高车辆与立交桥梁的碰撞事故屡见不鲜。超高车辆撞击桥梁上部结构,严重威胁城市交通的正常运行(图2-4)。以北京市为例,北京市约有50%的桥梁上部结构曾遭受过超高车辆的撞击,由此损坏的桥梁占所有损坏桥梁的20%以上。即使在西方发达国家,此类事故也屡次发生。据美国抽样数据显示,美国大约61%的跨线桥梁上部结构曾遭受过超高车辆的撞击,超高车辆撞击造成的桥梁破坏约占所有破坏桥梁总数的14%。

图2-3　车辆撞击护栏造成的桥梁坍塌

图2-4　车辆撞击上部结构

3)车辆撞击桥墩

随着交通量的增加以及大量高墩或城市高架等桥梁的大量建设,桥梁正面临着车辆撞击桥墩的威胁,如图2-5所示。

纵观国内外,桥梁撞击桥墩造成的重大事故已屡见不鲜。1993年,美国阿拉巴马州Evergreen市发生水泥罐车撞击桥墩事故并造成部分桥梁垮塌。2004年,美国德克萨斯州Corpus Christi市发生天然气罐车撞击桥墩事故,造成驾驶员死亡,被撞桥墩完全损坏。2009年4月,1辆水泥罐车撞断京珠高速公路湖南耒宜段1座跨线桥桥墩并导致桥面塌陷,同时造成2人当场死亡,1人受伤,相关路段封闭逾60d,事故造成的桥梁维护费用高达数百万元(图2-6)。

图2-5　城市高架桥桥墩面临车辆撞击风险

图2-6　2009年京珠高速公路撞击事故

2.3 极端超载过桥

汽车超载主要有3种情况:一是早期修建的老桥超龄负载运营;二是桥梁通行的车流

量超过原设计；三是车辆违规超载。前两种产生的原因主要是设计荷载的变化和交通量的增加，后者是车辆使用者违法超载营运；后两种超载现象在我国交通运输中较为普遍。车辆超载会使桥梁寿命缩短，更为甚者会造成桥毁人亡的严重事故(图 2-7)。

桥梁的超载一方面会使桥梁疲劳应力幅度加大、损伤加剧；另一方面，由于超载造成的桥梁内部损伤不能恢复，将使得桥梁在正常荷载下的工作状态发生变化，从而影响桥梁的安全性和耐久性。例如，混凝土桥梁一直被认为具有足够的耐久性，但在汽车超载作用下，可能发生开裂；裂缝即使在荷载卸除后能够闭合，但由于混凝土结构内部已经受到损伤，构件的开裂弯矩降低、刚度下降；于是在正常使用荷载作用下，本来不该开裂的结构产生裂缝，或本来较小的裂缝成为超出规范允许的裂缝或产生较大的变形。这些都会对结构长期的使用性能和耐久性产生不利的影响。

另外，车辆荷载过大使得桥梁的结构体系发生变化。如近些年出现的独柱墩桥梁倾覆事故，均是由于车辆的极端偏载，使得桥梁横向成为机动体系，从而导致上部结构的整体坍塌(图 2-8)。

图 2-7　超载车辆造成桥梁坍塌

图 2-8　超载车辆下桥梁失稳破坏

2.4 桥梁震害

历史上第一次有桥梁震害记录的地震是 1906 年 4 月 18 日 San Francisco 发生 7.9 级地震，但是这次地震并未引起人们对桥梁抗震的关注。1971 年 2 月 9 日美国发生 San Fernando 地震，造成 5 座桥梁塌落，42 座桥梁损坏。1989 年 10 月 17 日，美国 Loma Prieta 地震，造成高速公路 880 号线双层的 Cypress 高架桥在地震中倒塌，San Francisco-Okaland 海湾大桥发生落梁。1994 年 1 月 17 日，美国加州发生 7.6 级 Northridge 地震，造成 Los Angeles 市高速公路上多座桥梁严重破坏，交通运输网络被切断。1995 年 1 月 17 日，日本发生 7.2 级阪神地震，震后调查结果表明共有 320 座桥梁遭到破坏，其中 27 座破坏严重，3 条高速公路和新干线铁路完全中断，城市生命线工程受到严重破坏。

在我国，1966 年河北邢台地震、1970 年云南通海地震、1973 年炉霍地震、1975 年海城地震、1976 年唐山大地震以及 2008 年汶川地震中，交通运输严重受损，出现大量的桥梁坍塌及震害情况。

经过大量的桥梁震害统计，地震下常见的灾害类型有以下几个方面：

1) 桥梁整体坍塌

一般情况下，多数垮塌桥梁是由于强烈的地震地面运动或地面永久变形造成的，也有部分桥梁是由于山体滑坡被土石冲垮的(图 2-9)。

2)落梁破坏

地震作用下,桥梁上部结构产生过大位移,或者桥梁限位能力不足可导致落梁破坏,这种形式的桥梁震害是比较多见(图 2-10)。

图 2-9 桥梁整体坍塌

图 2-10 落梁破坏

3)上部结构移位

随着震动方向的不同,桥梁上部结构会出现顺桥向移位、横桥向移位(图 2-11)以及交叉出现的情况。

4)下部结构破坏

地震作用下,桥墩、桥台等下部结构破坏是最为常见的桥梁震害类型(图 2-12)。桥台破坏的主要原因是主梁与桥台相互作用所致,多表现为胸墙、翼墙混凝土碎裂。桥墩则随着结构形式及上部结构不同,出现剪切或弯剪破坏。

图 2-11 桥梁横向移位

图 2-12 地震下桥墩破坏

2.5 火灾及爆炸

火灾及爆炸是工程结构最严重的灾害之一。近年来,随着经济和交通建设的快速发展,桥梁火灾爆炸事件频现。穿越桥梁的重型硬脂酸车、苯酚运输车、运油气货车、海上油汽轮等日益增多,引发的火灾爆炸将对桥梁结构带来严重威胁。全世界范围内每年都有多起严重的桥梁火灾爆炸事故发生。据统计,因火灾垮塌的桥梁是地震垮塌的 2.7 倍。

我国在 2007 ~ 2013 年间更是发生了多起桥梁火灾爆炸事故,导致人员伤亡,影响了交通,造成了巨大的经济损失,严重者造成桥梁的永久损坏甚至桥梁坍塌。作为桥梁极端荷载之一的火灾爆炸作用,对大桥造成的破坏不可估量。比较典型的有:2013 年 2 月 1 日,因运输烟花爆竹车辆爆炸引起连霍高速洛三段义昌大桥发生垮塌事故(图 2-13);2014 年 10 月 30 日,湖南省郴州市宜章县境内在建的厦蓉高速赤石大桥——正在施工的索塔内部起火,导致 9 根拉绳被烧断(图 2-14)。

图 2-13 爆炸导致桥梁坍塌

图 2-14 火灾导致斜拉桥拉索断裂

2.6 其他偶然事件

除上述主要可能引发桥梁事故甚至灾害的风险源外,相关规范中偶然作用也包括洪水、泥石流甚至偶然大面积堆载等。

桥梁发生水害时,大致有冲毁桥头路堤或导流建筑物、水淹梁体、墩台受冲歪倒 3 种类型。究其原因,大多是对于桥址地区的水文、地质资料调查研究不够,桥址选择不当、孔径偏小、净空不够或基础偏浅,集中表现为桥梁本身抗洪能力不足所致(图 2-15)。

对于山区桥梁,泥石流及山体滑坡地质灾害也极易对桥梁造成损坏。图 2-16 为山区道路中护坡失稳造成桥梁垮塌。

图 2-15 洪水造成的桥梁垮塌

图 2-16 护坡失稳造成的桥梁垮塌

伴随着基础设施的建设，大量的建筑垃圾以及新修改扩建工程带来的挖方常常占据桥下空间。由于施工人员对相关安全风险的评估不足，大面积堆载带来的附加压力极有可能对已有的桥梁结构造成损坏，尤其是对于高墩墩柱式桥梁，由于横向抗剪切及抗弯刚度较低，很容易对桥梁造成损伤甚至倒塌。本书重点介绍的抢修处置工程即属于这种类型（图 2-17）。

图 2-17　桥下堆积物导致桥梁损坏

第3章 混凝土梁桥常见病害类型及成因分析

桥梁结构设计寿命长达几十年,甚至上百年,环境侵蚀、材料老化、荷载的长期作用、结构疲劳等灾害因素的耦合作用将不可避免地导致桥梁的损伤和表观病害的发生。本章以混凝土桥梁为例,对包括空心板桥、小箱梁桥、T梁桥、大箱梁桥等桥梁上部结构,以及常规下部结构的常见病害及成因进行阐述。

3.1 上部结构病害类型及成因

3.1.1 混凝土空心板梁桥

据各省对运营中高速公路桥梁病害的状况调查,发现大量的空心板桥出现了不同程度的病害,包括铰缝病害、板梁开裂、桥面系病害和支座病害等。

1)铰缝病害

铰缝病害一般可描述为空心板桥梁在铰缝处出现破碎导致单板受力现象,造成桥面铺装屡修屡坏,如图3-1所示。严重时,甚至会发生铰缝混凝土整体脱落、铰缝透空的情况。该病害严重削弱了空心板的横向连接整体受力性能,并且往往会导致其他次生病害的发生。因这种病害的维修需要封闭交通,挖开桥面铺装,掏空原有的破碎铰缝残渣,因此维修复杂,工期长,对交通的影响大。这些因素已直接影响了空心板梁桥的进一步推广和应用。

a)

b)

图3-1 空心板桥铰缝病害

铰缝出现这些开裂、脱落等病害的原因主要归结于计算理论、设计因素、施工因素和其他因素。计算理论方面,铰接板计算理论假设竖向荷载作用下铰缝只传递竖向剪力,然而空心板铰接缝处受力复杂，用传统的铰接板计算理论不能满足目前交通运输发展下桥梁的使用要求。设计方面，铰缝结构尺寸偏小，缝间连接钢筋薄弱，设计中没有足够重视新旧混凝土之间的黏结力弱化问题均会导致铰缝病害的产生。施工质量方面，施工队伍普遍对铰缝不够重视，不能做到严格按照规范和施工工艺的相关要求进行施工。铰缝混凝土振捣不密实，铰缝内钢筋保留不全，铰缝底部用布条、麻布等杂物填充，没有浇筑铰缝砂浆等，均会导致铰缝混凝土强度达不到设计要求。浇筑铰缝混凝土前对空心板侧没有认真凿毛，不仔细清除凿毛产生的松动混凝土块，或是没有将板侧进行洒水湿润，都会降低新旧混凝土之间的黏结能力。

此外，超载车、地震、下部结构不均匀沉降等其他非正常原因也能导致铰缝的破坏。从现实的交通状况看，实际行驶的重载车辆普遍存在超载运输现象。据调查，高等级公路上空心板桥损坏情况较一般等级公路严重。尽管高等级公路采取了限制措施，在利益驱动下仍有重载车选择夜间行驶。超载车辆载重大、车速慢，形成"重车集中、成串通行"现象，给桥梁和路面造成严重的损坏。车辆荷载在小跨径桥的荷载总效应中所占比例远大于大、中桥，所以超载对小跨径空心板桥尤为不利。高等级公路，尤其是高速公路对行车道的划分，使车辆行驶轨迹具有规律性。重车一般行驶在靠右侧的行车道上，大大提高了若干空心板块承受重车荷载的几率，致使这些板块间的铰缝更容易发生破坏，各支座压缩变形不均匀。

2）板梁裂缝

（1）横向、纵向裂缝

大量的预应力混凝土空心板梁桥在通车运营 3 ~5 年后，底板出现长度不等的纵向裂缝。裂缝的数量、宽度具有随着时间的增长而增加、加宽的趋势，对桥梁的使用耐久性有重要影响。底板的纵向裂缝一般多出现于预应力混凝土空心板桥，如图 3-2 所示。

横向裂缝病害多发生在板梁的跨中附近，而且经常是在一个区域大范围的成片出现。此类病害将会大大降低板梁的刚度，此外还往往伴有渗水和钙化等其他病害，如图 3-3 所示。

图 3-2　底板纵向裂缝

图 3-3　底板横向裂缝

预应力空心板桥梁体产生纵向裂缝的主要原因有：主梁刚度不足，桥面整体化层太弱；截面尺寸偏小；预应力效应突出（由于泊松比效应和预应力变形对构件产生反向作用力）；骤然降温作用下，空心板梁内外产生较大横向温差应力等。

横向裂缝的出现则主要是由于梁板之间的横向联系破坏，车轮荷载不能得到有效传递，导致单块空心板承受的车轮荷载作用大于设计荷载而开裂。

（2）腹板斜裂缝

空心板腹板斜裂缝病害原因可归结为以下几个方面：

①设计缺陷。普通空心板挖空率约为38.5%，部分结构在设计中为降低结构自重，挖空率过大（高达60%～70%），从而导致腹板有效抗剪面积过低。另外，大量铰接空心板桥采用装配式先张预应力混凝土结构，板梁端部无弯起钢筋和弯起预应力束，导致腹板单层箍筋无法满足抗剪要求。纵向预应力造成的反拱效应也可能导致端部腹板的斜裂缝。

②铰缝病害。因梁板间铰缝的破损，使该位置横向刚度降低，力的横向传递未达到理论要求，导致梁端实际承受的内力大于正常铰接情况下的理论设计值。

③支座病害。单块空心板梁一般都是设置四点支撑的橡胶支座来传递荷载，桥梁定期检查报告表明，大量的铰接空心板桥存在支座脱空或剪切变形严重的现象。支座脱空将导致空心板单侧腹板受力增大，从而造成斜裂缝的出现。

④车辆超载。重载及超载车辆作用下梁端附近在较大的剪力作用下产生的主拉应力超出该部位混凝土的承受能力，导致出现斜向裂缝。

3）桥面系病害

桥面铺装既保护行车道板不受车辆直接磨损、防止板遭受雨雪侵蚀，还起着分布车轮荷载的作用，对荷载的横向传递有利。研究证明，桥面铺装叠合效应对空心板受力性能是有影响的。适当增加铺装层厚度及采用桥面连续结构，均可使简支空心板桥的受力性能得到一定程度的提升，桥面铺装层对桥梁的承载力和对桥梁的荷载横向分布能力都具有明显的贡献；当铺装层厚度一定时，水泥混凝土铺装比沥青混凝土好，桥面铺装材料采用刚性的钢筋混凝土和钢纤维混凝土对铰缝结构受力性能更为有利。仿真模拟分析时，考虑桥面铺装参与主梁受力更加接近荷载试验的实测结果，结构更偏于安全。

与空心板铰缝病害相似，连续桥面病害也会导致其他次生病害的发生。例如桥面的水通过连续桥面结构的裂缝渗漏到上部结构梁板内，或者渗漏到墩台盖梁上，影响这些结构的耐久性。连续桥面的裂缝在沥青铺装层形成反射裂缝，雨水渗入裂缝后不能及时排出，使沥青铺装层下面形成积水，造成更严重的桥面损坏，影响行车舒适性。

桥面铺装发生不同程度的裂缝或损坏的原因，可分为设计因素和施工因素。设计因素包括：桥面铺装层设计理论不足；荷载因素考虑不充分；桥面铺装层混凝土强度不足；桥面铺装层厚度局部偏薄；桥面铺装层配筋偏小；排水设计不合理；桥面板刚度不够等。

施工因素包括：桥面铺装层与梁板黏结不好；桥面铺装层钢筋网定位不准确；桥面铺装层混凝土施工控制不严格；桥面铺装层特殊位置处理不当，如施工缝、伸缩缝以及桥梁拓宽改建时新老桥交界处；桥面铺装层混凝土养护较差；桥面防水层的影响等。

桥面病害如图3-4所示。

4）支座病害

空心板承受外荷载作用离不开下部结构的支撑，支座将上部结构荷载传递到下部墩台，支座的损伤会导致桥梁受力状态的改变。在支座受损时，沥青混凝土面层和水泥混凝土铺装层的横向正应力与纵向正应力以及铰缝的纵向剪应力受影响很大，而空心板的各项应力基本保持不变。在匀速移动荷载作用下，带支座损伤的空心板桥跨中挠度的动力放大系数可以比支座未损伤时增大22%；在冲击荷载作用下，支座损伤对动力放大系数的影响主要出现在有支座损伤的空心板梁上。

支座病害如图3-5所示。

图3-4　桥面病害

图3-5　支座病害

3.1.2　混凝土T梁桥

对于钢筋混凝土简支T梁桥在修建及运营一段时间后会出现各种病害，运营年限较久的桥梁则病害更为明显，如桥头跳车、桥面铺装层剥离破碎、T梁跨中腹板及底部出现裂缝、支座老化变形、混凝土劣化钢筋锈蚀等。这些病害直接影响桥梁结构的安全性和耐久性。

1）桥面病害

T梁桥面病害常表现为较普遍的破碎、坑槽、龟裂、渗水等。T梁连接处存在纵向裂缝，局部位置的纵向裂缝扩展成纵向破损带，一般行车道位置尤为明显，T梁铰缝位置出现渗水碱蚀，桥面出现纵向裂缝及铰缝渗水碱蚀现象。

2）横向联系病害

横向联系病害常表现为：部分横向联系钢板焊缝开裂，表层砂浆脱落，钢板锈蚀，T梁之间横向联系明显减弱甚至失效，横隔板间产生错台。横隔板间的边接钢板焊接质量出现问题，当T梁承受剪力时，没有足够的抗剪强度，使得焊接钢板无法限制横隔板间的相对位移。

T梁横隔板出现裂缝（图3-6），其产生的原因有：横隔板在使用过程中沿横隔板出现的温度梯度；横隔板衔接处的焊接原有残余应力，或焊接处混凝土被烧伤；简支梁出现上拱趋势，使得跨中横隔板马蹄形位置沿横桥向水平方向的拉应力过大造成该处拉应力超标而导致混凝土开裂。

3）主梁裂缝

T梁裂缝主要表现为：T梁底板的U形缝，L形裂缝和腹板侧面竖向裂缝。T梁上因底面横向裂缝向上延伸而形成U形或L形裂缝，这是由于T梁受弯，底面混凝土承受的拉应力超过混凝土的抗拉强度而出现的，这种裂缝是底面裂缝的宽度最大，随着裂缝往上延伸，裂缝宽度逐渐减小，裂缝渐渐消失（图3-7）。T梁腹板侧面的竖向裂缝是因混凝土收缩温差作用产生的非结构性裂缝,由于T梁下缘配筋量大,故裂缝下端较窄,上端逐渐延伸到受压区而消失。

图3-6　T梁横隔板病害

图3-7　T梁斜向裂缝封闭

3.1.3　混凝土箱梁桥

1)混凝土开裂

对于很多大型钢筋混凝土结构,仅自重就占极限荷载的30%左右,因此正常使用状态下钢筋混凝土结构处于带裂缝工作。大量工程实践表明,钢筋混凝土桥梁结构裂缝的成因复杂,甚至多种因素相互影响,混凝土产生裂缝的主要原因是混凝土变形受到制约或外力的作用,从混凝土的浇筑到结构物使用的整个过程中,都可能产生裂缝。在预应力混凝土箱梁中,裂缝也不能完全避免,因为结构受空间应力的作用,纵向为预应力时,横向不一定采用预应力,同时混凝土的收缩、徐变也常常难以控制。某些裂缝可能仅仅影响美观,也可能反映了混凝土结构耐久性的不足;另一些裂缝可能是结构受到过大的应力,对结构安全构成严重的威胁。

针对目前大量采用的大跨度预应力混凝土箱梁桥,交通运输部公路科学研究院调查发现,现有箱梁裂缝形式可以分为7大类:

①腹板斜向、竖向、水平向裂缝。

②顶板纵向、斜向和横向裂缝。

③底板纵向、斜向和横向裂缝。

④横隔板竖向、横向、斜向和过人孔周辐射状裂缝。

⑤锚下劈裂裂缝。

⑥沿纵向预应力束孔道的裂缝及层间裂缝。

⑦齿板局部区域裂缝。

对于裂缝成因,大致包括以下几个方面。

(1)荷载作用

根据荷载形式和作用位置的不同而呈现出不同的特点。由于荷载作用产生的裂缝多出现在受拉区、受剪区及局部应力集中区。但必须指出,如果受压区出现起皮或有沿受压方向的短裂缝,往往是结构达到承载力极限的标志,是结构破坏的前兆,其原因多是结构截面尺寸偏小。荷载效应引起的混凝土开裂形式主要涵盖如下方面。

①中心受拉裂缝:裂缝贯穿箱梁横截面,间距大体相等,且垂直于受力方向。采用螺

纹钢筋时,裂缝之间出现位于钢筋附近的次生裂缝。

②受弯裂缝:弯矩最大截面附近从受拉区边缘开始出现与受拉方向垂直的裂缝,并逐渐向中性轴方向发展;采用螺纹钢筋时,裂缝间可见较短的次生裂缝。当结构配筋较少时,裂缝少而宽,结构可能发生脆性破坏。

③受剪裂缝:箱梁靠近支座至 3 分点梁段,在箱梁腹部出现约 45°方向的斜裂缝。

④受扭裂缝:箱梁靠近支座附近一侧腹部或翼板先出现多条约 45°方向的斜裂缝,并向相邻面以螺旋方向展开。

⑤局部受拉裂缝:在箱梁的内部锚板后及两侧混凝土,由于受到预应力束锚下力的局部作用而向两侧发生约 45°方向的斜面裂缝。

⑥局部受压裂缝:在局部受压区出现与压力方向大致平行的多条短裂缝。

(2)变形作用

大量的调查与研究表明,近年来箱梁桥中大量裂缝的出现,有些并非与荷载作用有直接关系,这些裂缝多数由变形作用引起,其中包括温度变形(如水泥的水化热、气温变化、环境生产热等),收缩变形(如塑性收缩、干燥收缩、碳化收缩等)及地基不均匀沉降(膨胀)变形等。

①温度效应:混凝土具有热胀冷缩的性质,当外部环境或结构内部温度发生变化时,混凝土将发生变形,若变形受到约束,则在结构内部产生应力,当应力超过混凝土抗拉强度时即产生裂缝。温变裂缝区别于其他裂缝的最主要特征是其随温度变化而扩张或逐渐闭合。

②收缩徐变效应:在实际工程中,混凝土因收缩所引起的裂缝是很常见的。在混凝土的诸多收缩种类中,塑性收缩和缩水收缩(干缩)是混凝土体积变形的主要因素,此外还包括自生收缩和碳化收缩。混凝土徐变是依赖于荷载且与时间有关的一种非弹性性质的变形。徐变将会增大结构的挠度和预应力损失,对于超静定结构,徐变会造成内力重分布,即徐变将引起结构的次内力甚至产生混凝土裂缝。

③当混凝土箱梁桥基础竖向不均匀沉降或水平方向位移,使混凝土桥梁结构中产生附加应力,超出其抗拉能力时,将导致结构开裂。前期的勘察设计不足、地质条件恶劣、地基基础类型差异性明显,以及后期周围结构的影响都可能造成基础的不均匀沉降或变形,从而带来不利的影响。

(3)环境作用

部分混凝土箱梁桥的开裂,是由于随着时间的推移,结构外部环境因素的作用,各种劣化因子侵蚀和渗透混凝土体内,导致结构混凝土材料的损伤裂缝与破坏。引起这类裂缝的主要原因有钢筋锈蚀、冻胀等。

①钢筋锈蚀:在混凝土箱梁桥中,如果混凝土质量较差或保护层厚度不足,则保护层混凝土受二氧化碳侵蚀碳化至钢筋部位,使钢筋周围混凝土碱度降低,或由于氯化物介入,钢筋周围氯离子含量较高,都会引起钢筋表面稳定的氧化膜破坏,使钢筋活化发生锈蚀,其锈蚀物氢氧化铁体积比原来增长 2 ~6 倍,从而对周围混凝土产生膨胀力,导致保护层混凝土开裂、剥离,沿钢筋纵向产生裂缝,并有锈迹渗到混凝土表面。由于锈蚀,使得钢筋有效断面面积减小,钢筋与混凝土的握裹力削弱,导致桥梁结构的承载力下降,并将诱发其他形式的裂缝,加剧钢筋锈蚀。

②当大气温度低于零度时,吸水饱和的混凝土出现冰冻,游离的水转变成冰,体积膨

胀约9%，因而在混凝土内部产生膨胀力；同时混凝土凝胶孔中的过冷水在微观结构中迁移和重分布引起渗透压，使混凝土中膨胀力加大，混凝土强度降低，并导致裂缝出现，例如对预应力孔道灌浆后若不采取保温措施也可能发生沿管道方向的冻胀裂缝等。

(4)施工质量

①混凝土是由水泥、水、粗细集料及外加剂按适当的比例拌制，经一定时间硬化而成。然而，当浇筑混凝土箱梁的材料选用不当时，可能导致箱梁结构出现裂缝。大气水泥安定性不合格、出厂强度不足、含碱量较高，集料的有害杂质高，外加添加剂以及配合比设计不当等，都易造成混凝土开裂或碱集料反应等结构病害。

②在混凝土桥梁结构浇筑、构件制作、起模、运输、堆放、拼装及吊装过程中，若施工工艺不合理、施工质量低劣，也容易在各方向产生表面的、深度的和贯穿的裂缝。

2)主梁下挠

随着大量大跨径箱梁桥的建设，箱形主梁的下挠问题日益突出，严重影响到这一桥型的继续发展。其主梁下挠的特点表现为：

①挠度长期增长，增长率随时间可能呈加速、降低或保持匀速变化的趋势。

②结构的长期挠度远大于设计计算的预计值。

从预应力混凝土箱梁桥结构受力特性的机理方面分析，预应力混凝土箱梁桥的挠度实际上是由两部分总体作用方向相反的效应综合平衡的结果。作用效应一方面是结构体本身的恒载与活载作用，另一方面就是桥梁预应力体系提供的作用效应。从结构体本身的作用效应方面来说，除了荷载作用，混凝土开裂后，结构下挠变化的机理变得异常复杂，下挠现象也会逐步恶化。混凝土开裂不但本身会引起主梁刚度的下降，还会对截面特性、混凝土收缩徐变效应及预应力效应产生影响，引起内力重分布，继续加剧裂缝的发生和开展。

目前，国内外比较认同的导致大跨径预应力混凝土箱梁桥下挠现象的主要因素如下。

(1)混凝土收缩徐变

混凝土的收缩徐变有较大的不确定性，是影响大跨径预应力混凝土箱梁桥长期挠度预测准确性的最大障碍。尽管目前收缩徐变的研究取得了很大进展，出现了大量的理论模型，但其预测仍然没有到达理想程度。理论预测的徐变柔量，其变异系数最好的可高达20%以上，收缩应变则可以相差35%以上。

(2)预应力效应

预应力体系作用效应对长期挠度的影响方面，主要存在有效预应力的准确估计问题和预应力的合理布置问题。实际上，有效预应力也有时间相关性，有实测结果表明，8年内预应力的长期损伤达到成桥时有效预应力的16%，预应力的布置对梁桥的长期挠度也是有较大影响的，国内布束设计时往往考虑控制的是施工和正常使用状态下的结构应力状态是否安全，对布束影响结构长期挠度的问题基本上没考虑，实际上某些不合适的布束不但不能减小长期挠度，可能还会造成相反的作用。

(3)主梁开裂

一旦出现结构开裂，下挠现象也会迅速恶化。混凝土的开裂引发预应力与混凝土收缩徐变的强烈耦合效应，即混凝土的开裂改变断面应力状态和开裂断面形式，徐变规律和预应力对结构的效应也随之改变，内力重分布反过来又影响结构开裂。结构严重开裂可以导致结构受力体系的变化，整体刚度受到削弱。

(4)计算理论不足

目前，在桥梁设计中广泛使用的杆系有限元计算理论在处理箱梁这种空间效应突出的结构时，很多情况下将产生较大误差，某些重要的因素如各种温差的空间分布，考虑起来也有相当难度。另外，收缩徐变虽然采用较为完善的、按龄期调整的有效弹性模量算法，但依据设计规范的收缩徐变模型及传统的计算模式，对结构长期性能计算，特别是对收缩徐变敏感的大跨径预应力混凝土箱梁结构，还存在很多问题。许多影响结构长期变形的因素未能考虑，如环境温度与湿度的影响，有效预应力的时变特性、混凝土弹性模量的时变特性(含温度、车载循环反复作用等对弹性模量的时变影响)，是否在选用考虑长期性能的收缩徐变模型的基础上用具有95%可信度的收缩徐变数据进行修正、箱梁截面不同厚度板件收缩差的影响等。

(5)施工质量

在箱梁桥的施工中，箱梁的混凝土实际浇注量一般会大于设计值，这就是箱梁混凝土的超方现象。当这种误差在合理范围内时，不会对箱梁自重内力产生影响。虽然各国规范一般都对混凝土超方进行了限定，以避免过量超方，显著影响结构的自重作用效应，但实际中有关箱梁混凝土超方尚缺乏有指导价值的统计资料，设计计算中无法准确考虑超方对结构挠度的影响。

3.1.4 混凝土小箱梁桥

1)腹板裂缝

(1)裂缝描述

小箱梁腹板斜裂缝一般发生在梁端至1/4跨中处，严重的会扩展到整个腹板截面。其裂缝多与梁板呈45°左右夹角，或斜向延伸至底板，在腹板底部与底板结合处纵向发展，或向上延伸至顶板，腹板和顶板间的纵向裂缝连通，裂缝宽度一般在0.2mm以上，个别桥梁的腹板斜裂缝宽度甚至超过2mm，裂缝深度一般贯穿整个腹板截面。

(2)成因分析

①设计储备不足：在20世纪，受当时条件的限制，小箱梁的设计往往片面追求经济效益而被过度优化，安全系数较低；特别是某些小箱梁的腹板过于薄弱，腹板箍筋设计为单肢，且较为稀疏，难以满足抗剪要求，造成梁体在未达到设计荷载的时候，就出现腹板裂缝。由于腹板太薄，箍筋又少，梁体抗剪储备不足，箍筋不足以限制裂缝的发展，所以裂缝一旦出现，箍筋应力就很大，随着荷载的反复作用，裂缝进一步增长和扩宽，使梁体的整体刚度降低，承载能力下降。随着时间的推移，在荷载的不断作用下，梁体状况加剧恶化，最终趋于破坏。

②支座病害或施工不当：如支座脱空导致箱梁受力畸变，或者是模板定位不准确导致腹板厚度进一步减弱等，这些都会导致腹板裂缝的产生。

2)顶板纵向裂缝

(1)裂缝描述

这类裂缝一般出现在腹板与顶板交接的位置，或者是梁板湿接缝位置，间断或不间断纵向分布，局部甚至出现混凝土碎裂现象，从而造成桥面防水层损坏，梁体铰缝渗漏严重，横向连接失效，单梁受力现象比较明显。

(2)成因分析

此类裂缝的产生，主要由汽车轮载对箱梁顶板的局部受力所引起，在进行小箱梁设计的时候，一般会使用平面杆系软件进行计算，但是一般不会进行轮载作用下的结构局部计算分析。湿接缝处的弯矩往往较大，此外，该处的施工质量相对较差，而国内汽车超载的现象又比较普遍。综合各种因素，使得小箱梁湿接缝位置容易出现纵向裂缝。

3)底板纵向裂缝

(1)裂缝描述

这类裂缝主要分布在小箱梁腹板靠近底板20cm左右的位置，大多在梁长的1/4～3/4范围，沿(弯起前直线段)预应力钢束布束方向对应表面发生，产生裂缝的位置一般均伴随局部的表面混凝土离析。裂缝宽度基本上为0.1～0.2mm。裂缝深度一般为1～2cm，大体处于保护层范围。也有部分裂缝穿透保护层。

(2)成因分析

①预应力影响：桥梁施工时，可能会出现预应力管道在浇筑底板混凝土时存在偏离原设计位置的可能。为此，波纹管偏位将使预应力在箱梁局部梁段产生径向力，径向力对箱梁底板受力性能将产生较大影响。

②构造措施不满足要求：波纹管两边每侧可供混凝土通过的净距过小，但在实际施工中，集料质量未必得到很好的控制，集料偏粗，很容易导致波纹管的位置出现混凝土局部离析，进而导致裂缝的产生。

③预应力孔道压浆不及时：小箱梁波纹管对应腹板部位局部混凝土承压面较小，如波纹管中心处，波纹管宽度占腹板总宽度的54%。如此小的承压面积，要求压浆必须及时进行，越早越好，尽量为预应力筋与结构混凝土之间提供有效的黏结。但实际上，由于施工组织及其他原因，部分小箱梁张拉后几天之内都未进行压浆，导致波纹管周围混凝土长时间承受较大的压力，加上保护层较薄(2 cm)，出现顺预应力管道方向的纵裂也就难免了。

④施工缝影响：一些小箱梁在浇筑中把施工缝设在腹板与底板的结合处，在直线段基本上处于波纹管的位置，致使波纹管位置形成混凝土的薄弱带，也是引起纵裂的一个原因。

4)跨中环向裂缝

(1)裂缝描述

该类裂缝表现为在浇筑完混凝土，拆除模板后停置在台座上，还没有进行施加预应力的情况下，中部横断面腹板、顶板、底板均出现环向裂缝，并且相互贯通，造成了断梁。

(2)成因分析

①温度影响：如果小箱梁混凝土浇筑完成后，在混凝土强度尚未形成前，发生下雨等突发事件，导致气温突然下降，则小箱梁混凝土在基础约束下产生的拉应力可能超出材料的抗拉强度，导致环向裂缝的产生。同理，如果在白天最高气温时浇筑小箱梁，那么晚上气温下降时，同样可能导致小箱梁环向开裂。

②边界约束:当小箱梁台座基础浇筑在坚硬基岩或使用混凝土表面的台座时,没有采取光滑钢板等隔离层放松约束的措施,混凝土在大气温度及其水化热温度的作用下,混凝土内部温度很高,当混凝土因降温的收缩变形受到台座的约束时,将会在混凝土内部出现很大的拉应力而产生约束裂缝。这类裂缝常在混凝土浇筑拆模时出现,裂缝较深,有时是贯穿性的。

3.2 下部结构病害类型及成因

由于人为原因(如勘察、设计、施工、使用等)以及自然原因(如地质、风雨、冰冻等),使桥梁结构出现不符合现行规范与标准要求的一些问题和现象。

3.2.1 基础病害及分析

1)刚性基础病害形式及分析

(1)基础沉降及不均匀沉降

由于在施工后,基础上部结构传来的荷载,尤其是车辆活载的作用,会导致地基土被压密、不断排水固结,进而引发基础的沉降。这对于桥梁来说是无法避免的,只要沉降值在合理的范围内则不需处理。基础下地基土性质也不是处处一致的,使得基础各处的沉降不一致,这也是导致墩台开裂的重要因素。

(2)基础的滑移和倾斜

基础经常受水流冲击而发生滑移;由于河床变迁等原因,桥台临河面地基土的侧向压力减小,使得其在台后填土的作用下,桥台基础滑移;桥台基础建于软土地基中,台后填土过高或其含水率增加,主动土压力增大,超过了其抵抗能力,基础产生滑移和倾斜。

(3)基础冲刷

在桥梁设计时,通过选择与上部结构相适应的一般冲刷以及局部冲刷深度值来控制基础埋深,以减少或者避免基础受流水冲刷。然而,由于施工时基础埋深不足,桥梁所跨河流常年开采砂石,或者河床发生多余泥沙沉积,使河槽迁徙不定,都会导致基础被流水直接冲刷。随着基础长期被流水冲刷,基础下地基被掏空,引发其他桥梁病害。

(4)基础结构物的异常应力及开裂

因墩台设计不合理,使得基础受力不均,导致其局部应力过大,以致基础产生裂缝。在特殊外荷载(地震力)或冻害作用下,还会使基础结构物出现异常应力而产生破坏。

2)桩基础病害形式及分析

由于软土地基的存在,桩基础中深基础形式的应用也越来越广泛。桩基础病害形式与浅基础病害形式具有一定的相似性,但是由于其结构形式以及所处的地基土质,呈现出桩基础特有的病害特点。

(1)钢筋锈蚀、混凝土剥落

桩身混凝土剥落至钢筋处,使得钢筋与水、空气直接接触引起锈蚀;或水中氯离子透过混凝土的保护层，引起钢筋锈蚀，体积膨胀，以致混凝土剥落，形成了一个恶性循环。

(2)桩挠曲甚至断裂

软土地基下，土体的流动性很强，土与桩基间作用力较为复杂。当软土层产生塑性流动，必将遇到桩基的阻碍，使得桩基本身将承受与地基侧向位移同向的水平力。侧向作用力达到一定值时，桩基产生挠曲。而当侧向与竖向作用力及附加弯矩作用合力达到桩基承载极限时，桩基将断裂。

(3)桩基不均匀沉降

软土层在固结过程中会使桩基受到负摩阻力而下沉，使桩基不均匀沉降，引发桥梁墩台倾斜、扭转。

(4)桩基失稳

桩稳定性丧失主要是由于其计算长度增加造成，即水冲刷掉一部分浮土，使桩裸露，或是水弱化了土的力学参数使其横向抗力不足而致；当软基承载力不足时，桩基亦会失稳，如图3-8所示。

3.2.2 桥墩病害及分析

桩柱式墩是在软土地基中运用最多的桥墩形式。由于结构形式的不一致性，下面先介绍实体式桥墩的主要病害形式，再叙述桩柱式墩的病害形式。

1)桥墩病害形式及分析

桥墩是将其上两跨上部结构荷载传递到基础的重要桥梁构件。其主要病害形式为下沉变位、开裂、墩顶混凝土破损、钢筋锈蚀、露筋、墩身混凝土剥落等。

(1)下沉变位

因桥墩上承上部结构，下接基础，如果基础发生沉降、滑移，必然导致墩身的下沉与变位，更有甚者，可导致墩身开裂。

(2)开裂

墩身开裂的裂缝大致可以分为水平裂缝、竖向裂缝和网状裂缝。因为墩身浇筑属于大体积混凝土浇筑，必然会设置水平灌注接缝。若施工时处理不当，会导致墩身水平裂缝的产生。而墩身竖向裂缝一般从基础向上开展，呈现出下宽上窄的形态，主要是地基软弱或者基础发生了不均匀沉降所致。由于施工后混凝土水化热和外部气温的差异，气温变化以及混凝土本身的收缩徐变产生了温度应力，使得墩身呈现出网状开裂，如图3-9所示。

图3-8　桩基失稳

图3-9　桥墩开裂

(3)墩顶混凝土破损

墩顶混凝土破损是因为支座尺寸过小，造成对墩顶的压强较大，加上重载交通的影响，导致墩顶混凝土破损。

(4)钢筋锈蚀、混凝土剥落

桥墩本身存在微裂缝，水会通过微裂缝进入墩身混凝土保护层，直至到达钢筋所在位置。此后，钢筋会在水的作用下发生锈蚀现象。而钢筋锈蚀后，体积增大，混凝土保护层崩裂，如图 3-10 所示。

2)盖梁

盖梁的主要作用是支承桥梁上部结构，并将上部传下的恒载和活载传递到墩柱。其主要病害如下。

(1)开裂

盖梁裂缝主要有盖梁负弯矩区自上而下的垂直裂缝(图 3-11)、顺桥向横贯盖梁的水平裂缝及自下而上的斜剪裂缝。垂直裂缝和斜剪裂缝主要受下部桩基沉降不均匀、支座脱空、重载交通的影响，盖梁中产生的次内力过大，致使混凝土开裂。而顺桥向横贯盖梁的裂缝是因为梁和活载的作用集中地通过支座传至桥墩，使墩顶周围其他部位产生拉应力，造成混凝土开裂。

图 3-10　桥墩锈蚀开裂

图 3-11　盖梁负弯矩区垂直裂缝

(2)局部受压破坏

支座尺寸过小或受重载交通的影响，使得支座处混凝土的局部应力过大，压碎混凝土。

(3)挡块挤压开裂

盖梁上的挡块主要是为了防止梁体产生横向移动而脱离下部桥墩而设置。因为挡块与梁体间距预留空隙不够，梁体在汽车荷载的影响下产生了横向变形，挡块被挤压开裂。

(4)渗水、钢筋锈蚀

由于盖梁都是位于上部结构的伸缩缝处，桥面上的水会通过伸缩缝渗入，导致盖梁处于水浸湿状态，盖梁中的钢筋在水的作用下锈蚀。

(5)混凝土剥落、露筋

钢筋锈蚀，体积膨胀，而后混凝土保护层开裂、剥落，其他钢筋露出，形成一个恶性循环。

3.2.3 桥台病害及分析

桥台不仅要支承上部结构，将荷载传递给基础，还要衔接两岸路堤、抵御台后土压力，故其病害较桥墩多，主要有开裂、位移、钢筋锈蚀、混凝土剥落、挡块挤碎等。

1)开裂

台身开裂主要是因为台后填土不良、基础下沉引发。由于基础不均匀沉降、台身与基础混凝土收缩徐变差异、填土积水使得台身出现竖向裂缝。在台后土压力和车辆荷载反复压力的作用下，侧墙翼尾顶部会出现较大幅度的变形位移，导致前墙与侧墙交汇转角处应力过大，发生开裂现象。桥台浇筑为大体积混凝土浇筑，内部水化热较大，其收缩徐变明显，致使台身产生网状裂缝。

2)位移

桥台倾斜和不均匀沉降主要是因为基础下存在不良地基、基础不均匀沉降、流水冲刷。而桥台滑移在软土地基上出现较多，当软土含水率提高或出现塑性流动时，台背所受填土主动土压力增大，超过桥台抗滑能力，进而出现滑移现象。

3)钢筋锈蚀、混凝土剥落

一般来说，桥台位于伸缩缝下，当伸缩缝损坏，渗水将不可避免。水侵入台身混凝土保护层，直至在水作用下，钢筋锈胀，混凝土剥落。

第 4 章　混凝土梁桥病害防治及加固对策

无论是发达国家还是发展中国家，无一不把已建桥梁视为国家的宝贵财富，竞相投入大量的人力、物力，不断加强现有桥梁维修、养护、加固与改造，使其恢复设计承载能力或提高荷载标准，把延长桥梁的使用年限、保障公路建设的可持续发展作为一项基本国策。桥梁维修、养护、加固的技术已成为交通研究领域中的重要课题。

20 世纪 70 年代以来，我国在旧桥加固改造技术的研究和试验方面进行了大量的工作。原交通部在"六五""七五"计划期间攻关了"旧桥检测、评价、加固技术应用"等一系列科研课题。"十五"期间，原交通部实施国省道主干线危旧桥改造计划，从 2001 年起分 5 年，每年下拨 2 亿资金扶持各省公路危桥的改造工作。2001 年和 2004 年，交通部西部科技项目又分别立项了"公路旧桥检测评定和加固技术研究及推广应用"和"大跨径桥梁监测加固养护成套技术研究"，并且形成了相应的加固设计规范。本章与第 3 章相对应，对常规桥梁上部结构和下部结构常见的加固方法进行总结阐述。

4.1 上部结构加固

4.1.1 桥面补强层加固

桥面补强层加固，即在旧混凝土或钢筋混凝土板顶加铺一层钢筋混凝土，使其与原有主梁形成整体，从而达到增大主梁有效高度和抗压截面、增加桥面整体高度和抗压截面、增加桥面的整体刚度、提高承载能力的目的。此法既能修补已出现裂缝、剥离等病害的板梁，又能增加梁板的有效高度和抗弯能力，还可提高板梁的整体性。

桥面补强层常用材料有钢筋网与混凝土、钢筋网与膨胀混凝土、钢纤维混凝土等，其结构示意见图 4-1。

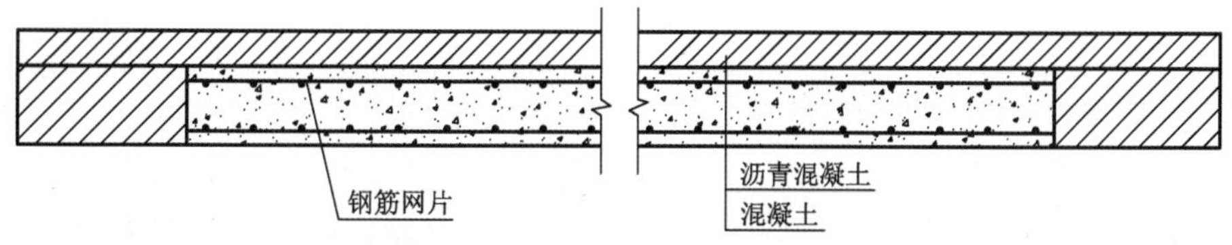

图 4-1　桥面补强层结构示意图

桥面补强层加固具有以下特点：

(1) 施工时需凿除原有桥面铺装，同时考虑新旧混凝土相结合、新浇混凝土的干燥收缩影响等，尚需设置连接钢筋和钢筋网。

(2) 桥面补强加固后，自重增加，承载能力提高不显著，此法有利于在抗压截面较小的场合使用。

(3)该法能提高铰缝的工作性能,改善空心板桥荷载的横向分布,提高桥梁的整体受力效果。

4.1.2 粘贴钢板加固

采用环氧树脂系列黏结剂,将钢板黏结在板桥的受拉区域或薄弱部位,使之与结构形成整体,用以代替需要增设的补强钢筋,见图4-2。通过钢板与补强结构的共同作用,提高其刚度,限制裂缝的发展,改善钢筋及混凝土的应力状态,提高板梁的承载能力。

图4-2 粘贴钢板抗弯加固

为了提高板桥结构的抗弯能力,一般在构件的受拉缘表面粘贴钢板,使钢板与原结构形成整体受力,此时以钢板与混凝土黏结处的混凝土局部抗剪切强度控制设计。合理、安全的设计应控制在钢板发生屈服前,黏结处混凝土不出现剪切破坏。

在构造设计时,加固用的钢板可按实际需要采用不同的形状,但钢板的厚度必须比计算的厚度大。用于抗弯能力补强的钢板尺寸应尽可能薄而宽,厚度一般在4~6mm。设计钢板长度时,应将钢板的两端延伸到低应力区,以减少钢板锚固端的黏结应力集中,防止粘贴部位构件出现裂缝或粘贴钢板被拉脱现象发生。

钢板抗弯加固具有以下特点:

(1)施工快速,养护期短,强度生成快,短期内即可开放交通。

(2)需对结合面处理,并钻埋螺栓孔,这会对原结构造成损伤。

(3)钢板需做防腐处理,这会增加日后养护费用。

该方法适用于梁挠度过大、承载能力明显不足的板桥,使用环境温度为-20~60℃、相对湿度不大于70%及无化学腐蚀的地区。同样需要注意的是,粘贴钢板法因钢板面积较大且外露,需要经常养护,粘贴钢板不容易与混凝土梁紧密结合,加固效果的耐久性问题也应引起注意。

4.1.3 纤维材料加固

采用建筑结构胶将碳纤维布粘贴在混凝土表面,使其与原结构一起参与受力,纤维布因与混凝土协调变形而共同受力,从而使混凝土提高承载能力(图4-3)。碳纤维布能够提高混凝土梁的抗弯、抗剪能力,同时还能明显改善构件的变形性能,增强构件的变形能力。用碳纤维布加固混凝土构件,在提高其受弯承载能力的同时,还可能影响受弯构件的破坏形态。当碳纤维布用量过多时,构件的破坏形态将由碳纤维被拉断引起的破坏转变为混凝土突然被压碎破坏。由于碳纤维为完全弹性材料,其与钢筋的共同作用会减弱钢筋塑性性能对构件延性的影响,因此碳纤维布用量过多,构件延性会降低。

目前,可用于旧桥加固的碳纤维有单向碳纤维布、单向碳纤维交织布、双向碳纤维交织布及单向碳纤维层压材料等,可根据不同结构部位、受力特性和方向等,选择相应的碳纤维进行加固。

纤维布加固具有以下特点：

(1)不增加恒载及断面尺寸，且对原构件不产生损伤，不影响结构外观。

(2)施工方便，不需大型施工机械及周转材料，易于操作。

(3)适用范围广，施工工期短，对交通影响较小。

(4)能够有效封闭混凝土裂缝。

图 4-3　粘贴碳纤维抗弯加固

(5)环状封闭后，桥梁具有较好的防水蚀、抗风化性能。

碳纤维加固法对配筋率较低或钢筋锈蚀严重的旧桥加固效果尤为明显。由于碳纤维布耐腐蚀性强，故对环境要求较低。但桥梁裂缝较多时，碳纤维加固时主梁承载能力的提高有限。

4.1.4　增大截面和配筋加固

增大截面法采用在板底面或侧面加大钢筋混凝土截面，并增配主筋和箍筋，使梁的抗弯截面增大，从而达到提高承载能力的效果。当板桥结构强度、刚度、稳定性和抗裂性能不足时，通常可以采用增大构件截面和增大配筋的加固方法。其特点是：能在桥下施工，不影响交通，加固工作量不大，而且加固效果也较为显著。对抗拉强度不足的板桥进行加固时，可在梁底增配补强主筋，然后喷射或浇筑混凝土，从而使梁的抗弯截面增大，以提高梁的承载力，如图 4-4 所示。

图 4-4　喷射混凝土加固拱桥

4.1.5　体外预应力加固

施加体外预应力属于主动加固方法。该方法利用预应力束产生反向预应力矩，能较大幅度降低恒载下结构的变形和应力水平，起到卸载效果。该加固技术 20 世纪 70 年代在欧美被大量采用，随后在我国桥梁补强加固中开始应用，并取得了良好效果。其优点是适应性强，基本不改变结构外观，也不压缩桥下净空，能够大幅度改善原结构受力状况，提高承载结构的刚度和抗裂性能，而自重增加极小。

预应力加固法具有加固、卸载、改变结构内力的三重效果，因而非常适合于采用一般加固方法无法加固或加固效果不理想的较高应力状态下的桥梁。所用材料的自重很小，因此几乎不增加桥梁附加恒载，对墩台以及基础的受力状况基本没有影响，却能够起到提高结构刚度及抗裂性，大幅度改善结构状况的效果；此外，预应力加固基本不改变桥梁净空，对运营影响不大，见图 4-5。

图 4-5　体外预应力加固桥梁

4.1.6 改变结构体系加固法

1) 简支变连续

此加固方法是将原2跨或2跨以上板梁的梁端连接起来,使受力体系由原来的简支转换为连续,减少跨中正弯矩,提高结构承载能力,同时减少伸缩缝数量,提高行驶的舒适性。此方法主要适用于多跨简支梁因配筋不足、截面尺寸偏小致使桥跨中抗弯承载能力明显不足及下弯挠度过大的情况。

2) 八字支撑

在板梁桥孔增设八字支撑(其可以采用混凝土或型钢构件),为原桥上部结构增加弹性支撑,从而使原来的1跨简支梁变为3跨弹性支承连续梁(图4-6)。结构体系的这一改变处理得当,使结构的受力状况得到改善,可减少梁的跨径及荷载作用下的跨中弯矩,从而达到提高承载能力的目的。

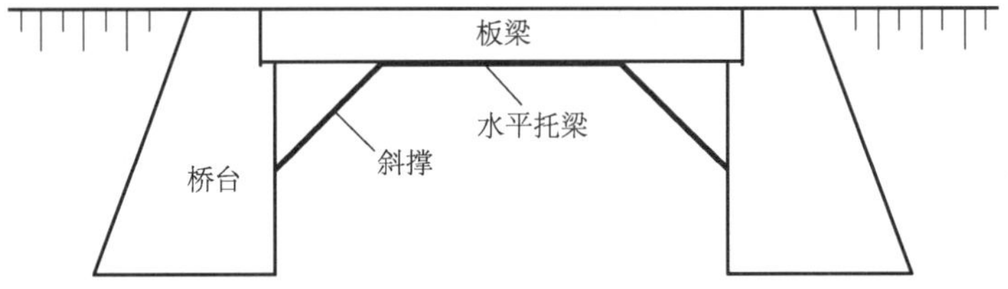

图4-6 八字支撑加固示意图

该法适用于板挠度过大、承载能力明显不足的钢筋混凝土板桥,或要求重载而加固的桥梁。因增加的斜撑可直接支撑在原墩台基础上或抗推能力强的墩身或台身上,故此法不能起到对墩台基础卸载的作用,反而要求墩台基础需有足够承载力及水平抗推能力。

3) 增加辅助墩

在原桥板底增加新的桥墩(图4-7),增设支点后改变了结构体系,减小了梁的跨径及荷载作用下跨中弯矩,从而能够较大幅度提高承载能力,并减少或限制板梁的挠曲变形,适用于板挠度过大、承载能力不足或要求通行重载而要加固的桥梁。此加固方法可同时减轻下部结构及基础的受力,但要求不受桥下净空及排洪影响。

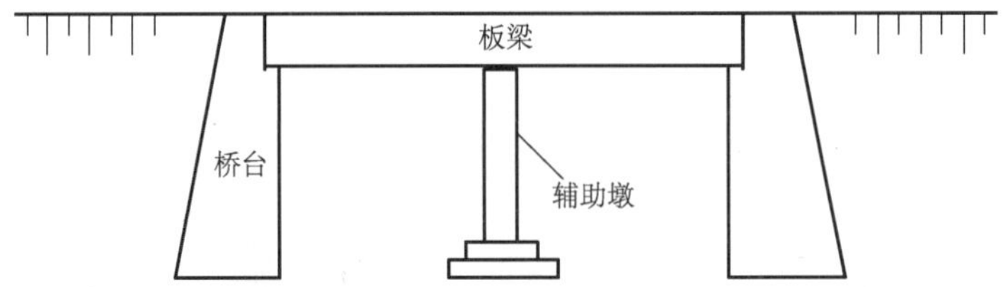

图4-7 增加辅助墩加固示意图

需要注意的是,新设墩支点处组合弯矩难以保证为正弯矩,为确保安全,支点处上缘应适当采用其他方法补强加固。新墩柱顶须设新支座,要求为活动支座。

4）梁拱组合

对于板桥，当原桥的承载能力严重不足，需要较大幅度提高荷载等级，而原桥墩台地基应力及稳定性均满足要求时，可采用对梁式体系加入拱式体系而改变为梁拱组合的加固方法（图4-8）。在拱肋上设置立柱盖梁以支撑原主梁并改变原梁简支体系，减少梁的跨径及荷载作用下跨中的弯矩，从而提高其承载能力。此方法适用于基础条件好，对桥下净空无要求或要求净空低的简支板桥。

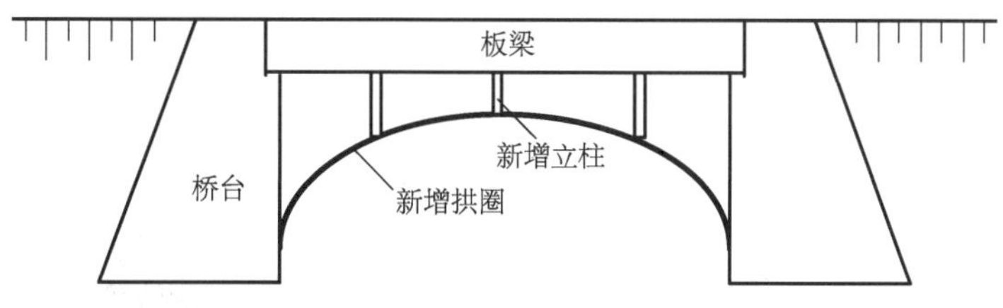

图4-8　梁拱组合加固示意图

4.1.7　其他新兴加固方法

1）钢板—混凝土组合加固

钢板—混凝土组合加固是一种新型加固技术，是加大截面加固法及粘贴钢板加固法的有效组合。组合加固法成功的继承了两种方法的优点，更有效地避免了两者原有的缺点，是对结构加固技术的一种创新与发展。钢板—混凝土组合加固是通过在钢板上焊接栓钉、在原混凝土表面植筋、在原结构及加固钢板间浇筑混凝土等措施使加固部分与原混凝土结构形成整体，共同参与工作；组合加固方法充分利用了新旧材料的性能，而且新老混凝土及钢板与新混凝土之间都有必要的连接构造，受力性能可靠，新老混凝土通过栽植的钢筋协同工作，钢板和后浇的混凝土通过栓钉相连接，而新混凝土则作为钢板与原结构之间的连接层，这样原结构和新混凝土钢板形成了共同工作的整体，使加固后结构具有承载力高、刚度大、施工快速方便、耐久性好等优点。

2）减梁增肋加固法

减梁增肋加固法是针对多梁式桥梁提出的一种新颖的体系加固法，加固思路是：去掉个别（1或2片）损伤较严重的空心板，剩余空心板维修后在原桥梁宽度范围内重新间隔排列，利用旧板之间的空间新增预应力混凝土梁肋，新增梁肋内布设钢绞线和普通钢筋，与旧板共同承担荷载（图4-9）。

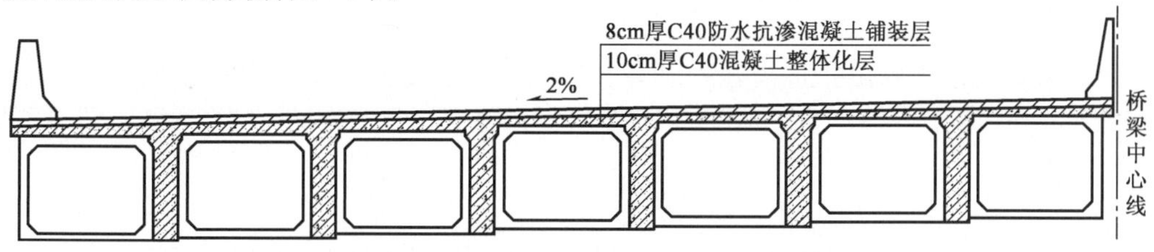

图4-9　减梁增肋加固示意

研究结果表明：

(1)减梁增肋加固法由于增加了材料用量，施工时要起吊梁板，工程量稍大。

(2)施工技术难度小，改善了旧梁板的横向分布，新增的预应力混凝土梁肋对原结构整体刚度和承载力都有明显提升。

(3)旧板吊起后可以进行检查维修，加固方法可靠易行，在旧板裂缝严重的情况下是较为适宜的加固方法。

4.2 下部结构加固

下部结构病害会严重影响桥梁的适用性和耐久性，若不及时处理加固，可能会出现桥梁垮塌。在进行加固处理前，需先分析病害产生原因，进而分析该病害是否具有加固必要性。如果有必要，应从加固技术和施工工艺方面进行分析，看能否实现加固目的，之后需提出不同加固方案进行比选，确定最终加固方法。

4.2.1 基础加固

1)扩大基础加固法

将桥梁的基础底面积扩大以减小基底应力的加固方法，即为扩大基础加固法(图4-10)。这种方法适用于基础承载力不足，或埋深太浅，而墩台又是砖石或混凝土实体式基础时的情况。需要注意的是，扩大的基础底面积需要通过对地基强度进行验算确定，新老基础结合面需设置足够的锚固钢筋。其施工工序如图4-11所示。

图4-10　扩大基础加固

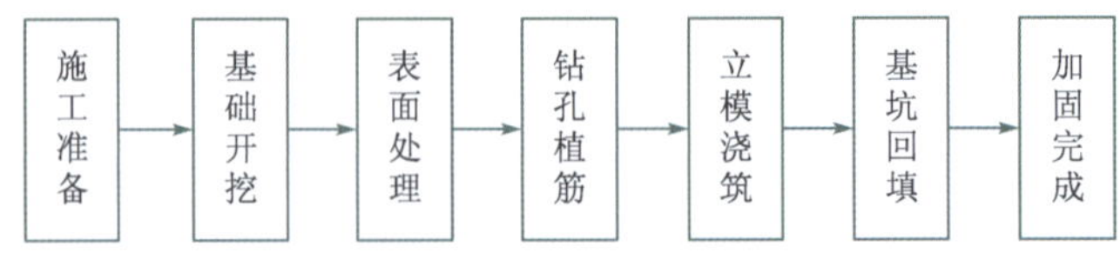

图4-11　扩大基础加固法施工工序

2)加桩加固法

在桩基础的周围加钻孔灌注桩或打入钢筋混凝土预制桩，并扩大原基础承台，来减少基础沉降的方法，称为加桩加固法。该法适用于桥梁墩台基底下有软弱下卧层，墩台出现沉降，或因流水冲刷侵蚀使桩基外露、倾斜，且墩台采用的形式为桩基础的情形。其优点是不需进行水下施工，加固效果明显；而缺点则是需架设桩架和开凿桥面，对桥上交通有影响。

3）人工地基加固法

当基础下的天然地基比较松软，不能承受很大的荷载，或上层土较好，但深层土质不良引起基础沉陷时，可采用人工地基加固法，以改善提高基础的承载能力。其中，最常用的是砂桩加固法和注浆法。

4.2.2 桥墩加固

1）增大截面加固法

桥墩基础埋深不够或施工质量控制不严，导致墩台开裂破损时，有时会出现贯通裂缝，可采用增大截面加固法（图4-12）。当墩身损坏极为严重时，可采用钢筋混凝土套箍进行加固，其尺寸应能满足箍套传递所有荷载或大部分荷载的要求。

图4-12　桥墩增大截面加固

2）围带加固法

当墩身出现贯通裂缝且损坏不严重时，可在墩身上设置钢筋混凝土围带。围带带宽由裂缝走向、宽度等因素确定。

3）包裹纤维增强塑料加固法

图4-13　桥墩粘贴碳纤维加固

在钢筋混凝土桥墩加固中，FRP可沿桥墩横向和竖向包裹。试验证明，包裹FRP试件后较未包裹时承载力提高14%～68%。横向包裹的FRP材料可起到与箍筋类似的作用，可以对核心混凝土形成有效约束，提高其抗剪强度和延性（图4-13）。而竖向的FRP材料主要提高桥墩的抗弯能力。其优点在于FRP具有轻质高强、耐腐蚀、施工速度快、维护费用低，且施工不需大型机械的特点。

4.2.3 盖梁加固

1）粘贴钢板加固法

由于盖梁柱顶处的上缘负弯矩区极易由于基础不均匀沉降等因素开裂，故可在盖梁侧面上缘粘贴钢板条，来增加盖梁的抗弯剪能力，限制裂缝发展。由于盖梁上表面空间很小，钢板只能贴在侧面，在一定程度上，提高盖梁承载能力不够充分。

2）预应力拉筋法

由于重载车辆和基础不均匀沉降的影响，且盖梁处空间有限，即可设置预应力钢索来提高盖梁的抗裂性能(图 4-14)。根据预应力束安装的部位,可分为体内预应力束和体外预应力束。前者一般在盖梁侧面锚固预应力束,而后者对于长度合适的盖梁,可在盖梁内打孔锚固安装体内预应力束。

图 4-14 盖梁体外预应力抗弯加固

3)增设支撑法

在盖梁及立柱上设置支撑,使原来盖梁的支承点变多,大大降低了墩顶的负弯矩值,减小了墩顶负弯矩区盖梁开裂的可能性。

4.2.4 桥台加固

由于桥台对于整个桥梁结构极为重要,而且出现的病害也多种多样,因此对于桥台加固方法研究得较多。常规的桥台加固方法如下。

1)减轻荷载法

对于软土地基桥台,由于台背填土容易积水、填土高度过高以及软土塑性流动等经常出现桥台填土滑移的现象,因此通常采用轻质回填材料(如聚苯乙烯泡沫混凝土,即 EPS 混凝土)来代替原有填土荷载,从而达到减轻荷载的目的。研究结果表明,采用轻质回填材料可以降低桥台填土区域因软土塑性剪切区贯通而发生滑动失稳的可能,加之其具有耐久性好、施工方便、低碳环保等特点,在桥台滑移修复方面很有潜力。

2)扩孔加固法

对于有条件的地方,可以采用扩孔的方式进行加固,增设小跨径,即增加桥长,直接减少台后填土高度,降低桥台高程,从而减小填土的土压力,并可以配合使用 EPS 混凝土等新型轻质材料,减小桥台滑移。

3)支撑梁法

对于跨径较小且不需通航的桥梁,可设置钢筋混凝土支撑梁来加固桥台(图 4-15)。支撑梁一般设置在承台处,但需注意支撑梁应平均分布。如果支撑梁集中在桥梁桩基以上位置,会使承台受力过于集中,引起开裂。如采用钢筋混凝土支撑梁或浆砌片石板加固时,支撑不高于河床。

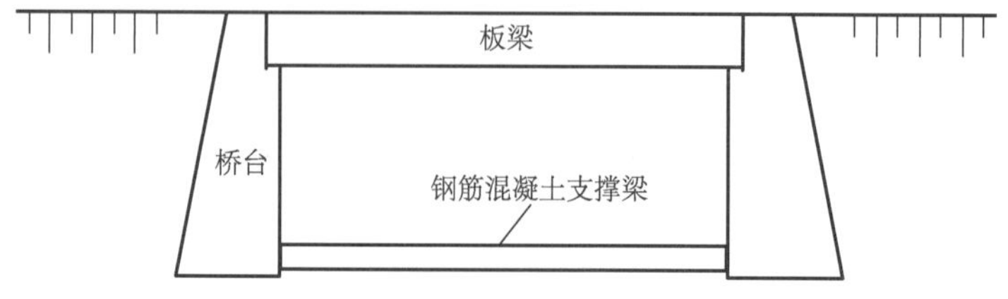

图 4-15 支撑梁法

4)辅助挡土墙加固法

在软土地基中,台后填土对桥台的侧压力是很大的,易引起桥台向河流一侧滑移。因此,可在桥台后设置挡土墙,用它来抵御全部或部分台后填土压力,使得桥台受到的水平力减小,降低桥台滑移病害产生的可能性。

5)增设倒角法

倒角法是将U形桥台的锐角改为钝角,即在前墙与侧墙的交汇处增设倒角,达到缓解该处应力集中、减小桥台最大主拉应力的目的。但此法只适用于正在设计和施工中的桥台,不适合已经出现开裂现象的桥台。

6)前墙设置变形缝

对于宽度很大的桥台,受到台背填土的压力影响,前墙中部的应力变形是很大的,严重时可能导致前墙中部产生裂缝。宜将桥台分为两个独立的U形台,或在前墙中间设竖向变形缝。

7)钢筋混凝土圈梁法

钢筋混凝土圈梁法就是沿桥台侧墙和前墙以及桥台空腔内设置钢筋混凝土圈梁。研究表明,采用圈梁加强后,对桥台侧墙横桥向位移的减小可达70%以上;同时在桥台上设置倒角和圈梁能更好地改善前墙与侧墙交汇部位的最大主应力,但圈梁起的作用占主导地位。

8)预应力筋加固法

对台身较高、宽度较宽的桥台,可在桥台内预先设置一些预应力拉筋,来承担侧墙的部分土压力,以减小侧墙尾端的变形,降低桥台开裂的可能性,同时减小了桥台尺寸,降低了造价(图4-16)。该法适用于已出现裂缝的桥台。

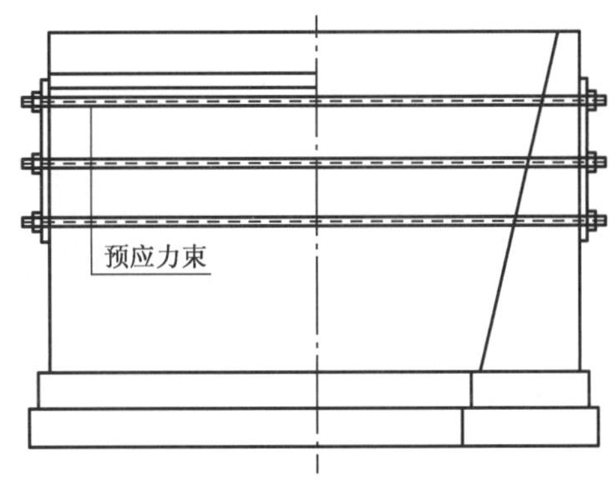

图4-16 桥台预应力筋加固法

9)钢筋混凝土拉梁法

在两侧墙间设置钢筋混凝土拉梁及锚板,可抵御桥台填土和上部活载引起的水平土压力。但此法不利于台背填土的填筑,一般很少使用。

从上面的加固方法可见,相同的桥梁下部结构病害可以使用不同的加固方法予以解决;或者说,有的加固方法对该结构加固有利,有时为了提高加固效果,可以将这些加固方法予以组合来处治这些病害。

第 5 章　桥梁应急抢修关键技术

桥梁行车安全不仅关系到交通的正常运转，也影响到人的生命财产安全。由于突发事件的偶然性和不可预见性，由此对桥梁造成的影响和灾害也是不可预知的，轻则造成桥梁的部分损坏、堵塞交通及承载通行能力下降，重则导致桥梁倒塌、车辆损坏甚至人员伤亡。因此，必须针对桥梁的突发灾害事故建立一定的应急抢修预案，一旦遇到突发事故，要及时做出响应，组织救援，并且在相关技术及管理方面给予支持，及时有效地把桥梁灾害造成的各种损失降到最低。

5.1 桥梁应急抢修基本流程

桥梁发生灾害事故后，可以按照图 5-1 所示的流程进行桥梁应急抢险。

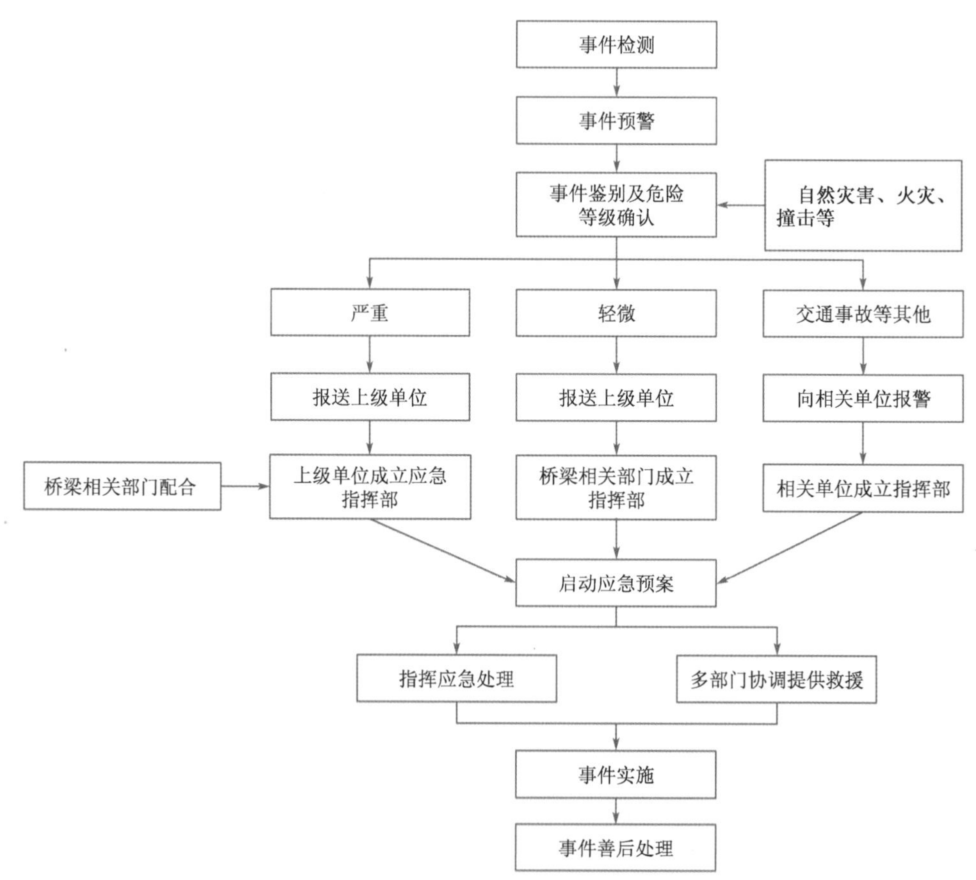

图 5-1　桥梁应急处置流程

5.2 桥梁应急抢修的一般原则

1)建立健全应急响应机制

提高桥梁突发灾害应急抢通能力,必须加强应急指挥机构建设。权威高效地组织指挥机构和应急响应机制建设,是桥梁突发灾害处置和断道后实现快速抢通的根本保证。如汶川地震中,自然灾害事件发生突然,抢险救灾时间紧迫,情况复杂多样,组织指挥涉及面广、协调难度大。因此,建立不同级别的干线道路桥梁灾害预警和预案系统,在第一时间组织人员、设备进行灾后应急处置和快速抢通,是包括桥梁工程在内的交通突发灾害处置的关键。

2)系统性、总体性和有针对性的原则

桥梁灾后的抢通救援及突发灾害处置是一个系统工程,需要所有环节的连贯顺畅,组织协调一致。因此,桥梁突发灾害处置应从抢通救援总体出发,同时针对不同级别、不同类型的灾害情况,有针对性地对突发灾害进行处置。

3)安全快速的原则

安全快速是桥梁突发灾害处置的前提,因此,在桥梁突发灾害处置时,应加强桥梁灾害危险性快速评估技术研究、桥梁突发断道承载力快速评估技术研究及附属道路通行能力快速评估,确保在桥梁灾后处置过程中抢通救援人员的生命财产安全。

4)在抢修技术上注重使用新技术,提高抢修效率和能力

桥梁灾害事故现场面临着显著的不确定性,尤其对于出现明显桥梁结构破坏的灾害事故,抢修过程中的安全问题以及次生灾害问题值得引起重点关注。因此,在应急抢修过程中应加强施工的监控工作,采用可靠、方便的测试仪器及技术,建立实时的安全预警系统,保证施工的安全和高效;另一方面,应重视新材料、新技术的应用,为后续相关方面的工作提供借鉴和依据。

5.3 桥梁应急预案的制订

一般情况下,应急预案又称“应急计划”或“应急救援预案”,是针对可能发生的突发公共事件,为迅速、有效、有序地开展应急行动而预先制订的方案。应对桥梁灾害同应对其他任何突发事故一样,需要完整有效的应急预案。根据前述桥梁应急抢修的一般流程,应重点在以下方面做好桥梁应急预案的制订。

5.3.1 应急事件的信息获取

目前，相关部门获取应急事件的信息方式相对广泛，包括通过现场监控、现场设备检测、有关部门报告以及群众报告等。

5.3.2 事件确认和预警

相关部门在检测到紧急事件发生后，或接到相关报告后，应在第一时间内迅速进行事件确认。事件确认内容包括事件发生时间、地点、主体（如人员、车辆等）、原因、程度（包括人员伤亡）等，并进行事件等级划分。

以河南省为例，根据突发事件发生时对交通的影响和需要的运输能力分为四级预警，分别为Ⅰ级预警（特别严重突发事件）、Ⅱ级预警（严重突发事件）、Ⅲ级预警（较重突发事件）和Ⅳ级预警（一般突发事件）。

1）Ⅰ级预警

导致或可能导致高速公路、国道主干线中断，处置、抢修时间预计需要24h以上；或通行能力影响周边省份；或需省政府出面协调有关地方部门或军队、武警部队共同组织援救；或需交通运输部协调外省进行援助；需要省交通运输厅负责组织实施省政府紧急物资运输、旅客运输时，拟发出Ⅰ级预警。

发布Ⅰ级预警需报交通运输部确认，启动并实施本级应急预案。

2）Ⅱ级预警

导致或可能导致高速公路，国道、省道主干线交通中断，处置、抢修时间预计在24h以内、12h以上；或通行能力影响范围在本省以内；或需要省交通运输厅组织实施紧急物资运输、旅客运输时，拟发出Ⅱ级预警。

Ⅱ级预警由省交通运输厅报省政府同意后，启动并实施本级应急预案，同时报交通运输部备案。

3）Ⅲ级预警

导致或可能导致公路交通中断，处置、修复时间预计在12h以内、6h以上；或通行能力影响范围在本行政区域内；或急需省辖市交通主管部门组织实施紧急物资运输、旅客运输或交通防疫措施时，拟发出Ⅲ级预警。

Ⅲ级预警由省辖市交通运输主管部门报同级人民政府同意后，启动并实施本级应急预案，同时报省交通运输厅备案。

4）Ⅳ级预警

导致或可能导致公路交通中断，处置、修复时间预计在6h以内；或通行能力影响范围在本县内；或急需县级交通运输主管部门组织实施紧急物资运输、旅客运输时，拟发出Ⅳ级预警。

Ⅳ级预警由县(市)交通运输主管部门报同级人民政府同意后,启动并实施本级应急预案,同时报省辖市交通主管部门备案。

5.3.3 事件上报

1)一般和较重突发事件应急响应(Ⅲ、Ⅳ级预警事件)

(1)公路、水路交通突发事件发生后,事件发生地交通运输部门要立即将有关情况向当地政府、本级突发事件应急领导小组、上级主管部门和厅指挥中心办公室报告,并在当地政府统一领导下,开展应急救援工作。

(2)事件发生地交通运输主管部门和行业管理部门突发公共事件应急组织机构接到报警后,按照事件的种类和性质,立即组织应急救援人员赶赴现场,根据专项应急预案的工作程序,组织紧急处置行动,及时控制事态的发展和蔓延,并将事件处置有关情况和事态发展情况及时报省厅指挥中心办公室。

2)严重和特别严重突发事件应急响应(Ⅰ、Ⅱ级预警事件)

(1)当接到公路、水路交通突发事件发生的报告后,根据影响程度和波及范围,向省政府、交通运输部报告,启动应急预案。

(2)厅指挥中心和相关专业应急领导小组立即投入工作,组织调动应急救援物资和力量,实施现场处置,根据事件实际情况,可向突发事件现场派出工作组或现场设立指挥机构。

(3)收集整理突发事件信息,传达指挥中心指令,及时向省政府、交通运输部应急指挥部门及省政府相关部门报送有关信息,并按照上级部门指令适时调整应急处置方案。

5.3.4 建立应急组织体系

桥梁灾害事故出现后,应成立桥梁应急处置领导小组、应急处置工作组和专家工作小组。

领导小组和处置小组应由相关部门负责领导及有处置经验的人员组成。专家组成员由各大专院校、科研机构、城市桥梁的设计、施工、运营和电力、电信、卫生防疫等方面的专家组成。专家工作组参加相关活动及专题研究;应急响应时,按照指挥小组的要求研究分析事故信息和有关情况,为应急决策提供咨询和建议;参与事故调查,对事故处理提出咨询意见。

1)应急处置领导小组的主要职责

(1)指导工程抢险,进行物质和资金调配。

(2)指导进行交通管制。

(3)如有海事事故发生,协助海事部门处理海事事故。

(4)负责新闻媒体的联系、采访、发布公告等。

(5)负责紧急抢修方案、维修或改造方案的制订。

(6)适时将应急响应及处置工作向上级主管部门汇报。

2)应急处置工作组的主要职责

(1)加强桥梁观测,发现问题,紧急启动相应应急处置预案。
(2)按相应应急处置预案内容组织实施。
(3)按应急处置领导小组的部署,完成其他各项工作任务。
(4)将应急工作的实施情况适时报应急处置领导小组。

5.3.5 事件响应

事故发生及确认后,事件响应包括以下4个阶段:
(1)确认紧急情况,鉴别级别预警,赶赴现场应急处置。
(2)启动先期预案,迅速采取有效措施。
(3)现场抢险指挥部负责事故现场应急处置的指挥。
(4)现场抢险指挥人员根据现场具体情况指挥抢险。

5.3.6 应急保障

1)队伍保障

桥梁管理部门应组织富有经验的抢险队伍,负责城市桥梁抢险抢修工作。

2)通信保障

应急指挥部和各有关人员、有关单位的联系方式应保障畅通,应急网络电话24h开通,保证信息及时畅通。

3)医疗保障

卫生单位应负责应急处置工作中的医疗卫生保障,组织协调医疗救护队伍实施医疗救治。

4)物资保障

桥梁管理部门必须储备一定数量的常备救援物资,保证应急救援的需要,应急响应时服从调动。

5)经费保障

事故发生地政府应协调有关部门,提供应急经费,保障应急状态时的经费使用。

6)监督检查

主管单位、桥梁管理部门应对桥梁应急预案实施过程进行监督和检查。

5.4 灾后桥梁检查及安全性评估

灾后桥梁的快速检查结果是桥梁损伤情况与灾害成因的重要判断依据，也是设计抢修加固措施的重要依据。下文根据不同的灾害事故，对灾后桥梁的检查流程进行简述。

5.4.1 震后桥梁的检查

我国的震后桥梁现场评估分为紧急调查和应急评估两个阶段。

1）紧急调查

紧急调查的目的在于短期内对受地震影响的桥梁进行一次快速筛选，排除已经坍塌和明显不安全的桥梁，并对救灾路线进行优化选择，确定第2阶段需优先评估的路线和桥梁。

紧急调查的重点包括：桥梁是否已垮塌，或部分垮塌、落梁、部分落梁；上下部结构是否有危及桥梁安全的重大损伤或其他危及桥梁安全的重大灾情。除结构承载能力安全性外，还应注意通行功能的安全性。

2）应急评估

应急评估的目的在于进一步了解震害桥梁的安全性（相对安全性），以便尽早实施应急处治措施，维护并进一步提高道路的紧急交通输送机能。

为了对桥梁震灾损伤状态进行准确评估，需对其进行明确的定义。国内外有关桥梁震灾损伤定义一般分为3级（无损伤或轻微破坏、中等破坏、严重破坏或损毁）或5级（基本完好、轻微破坏、中等破坏、严重破坏、完全损毁）。

5.4.2 水灾后桥梁的检查

洪水及其导致的次生灾害极易造成桥墩的冲刷损坏，一旦出现水灾等自然灾害事故，应重点对以下方面做好桥梁检查和评估。

（1）对桥梁墩台基础冲蚀、河床变化、河道变迁、流量等情况进行了解，并做好相关变量的监测。

（2）洪水通过时，应观测水流流向、流速以及有无漂流物等，同时应检查墩台、调治构造物、防护工程等的作用是否正常。

5.4.3 火灾后桥梁的检查

桥梁火灾后的损伤检测主要是对混凝土损伤的确定和桥梁安全性的判定，而温度场的判定是火灾后混凝土损伤的重要指标。当火灾温度低于300℃时，混凝土强度不一定会降低，甚至还会提高。当火灾温度超过300℃时，混凝土开始产生裂缝，混凝土强度开始下降；当温度超过400℃后，混凝土强度急剧下降；当火灾温度继续升高至580℃，混凝

土中的 $Ca(OH)_2$ 脱水分解；至 600℃以后，混凝土中的微观结构受到严重破坏，导致整体破坏。

混凝土的表观特征是评估混凝土火场温度的一个重要指标。通常火灾烧伤的混凝土表面都要发生物理化学变化。从颜色的变化可大致了解火灾温度及混凝土损伤程度。国内外有关资料表明，混凝土表面熏黑，其混凝土表面温度 < 300℃；混凝土呈粉红色，其表面温度在 300 ~ 450℃；混凝土呈铁锈红到土黄色，其温度为 450 ~ 900℃；混凝土呈淡灰白，其温度大于 950℃；温度到 1 200℃，混凝土熔融。

目前，国外有关火灾后混凝土结构的安全评估，主要以英国混凝土学会所提出的评估程序与方法为主，可以作为一种初步判别火灾的方法。其使用分级见表 5-1，可对混凝土结构的火灾程度进行定性评估，概括地判断出整体结构的受损状况。

结构构件受损程度综合评定指标 表 5-1

受损程度	评定指标
一级（轻度损伤）	（1）构件基本无受热挠度； （2）受损深度在 10 ~ 15mm； （3）结构表面存在少量温度收缩裂缝，但不形成裂缝网； （4）表面混凝土颜色基本无变化； （5）混凝土强度在原强度的 90% 以上； （6）构件剩余承载能力在原承载力的 90% 以上
二级（中度损伤）	（1）结构永久挠度未超过极限允许挠度； （2）受损深度为 15 ~ 30mm； （3）结构裂缝为 0.3 ~ 1.0mm； （4）混凝土强度为原强度的 70% ~ 90%； （5）构件剩余承载能力为原承载力的 70% ~ 90%
三级（重度损伤）	（1）结构永久挠度为极限允许挠度的 2 ~ 4 倍； （2）有小于 1mm 穿过构件受压区的垂直裂缝； （3）受压区局部受损； （4）形成剪切斜裂缝； （5）混凝土强度为原强度的 50% ~ 70%； （6）构件剩余承载能力为原承载力的 50% ~ 70%
四级（严重损伤）	（1）结构永久挠度在极限允许挠度 4 倍以上； （2）受拉区有宽度达 1.5mm 的贯通裂缝或受压区有明显的破坏特征； （3）混凝土强度小于原强度的 50%； （4）构件剩余承载能力小于原承载力的 50%

5.4.4 其他桥梁灾害后的检查

类似于桥梁震后评估，应通过现场检查判断桥梁是否已垮塌、部分垮塌、落梁、部分落梁，上下部结构是否有危及桥梁安全的重大损伤或其他危及桥梁安全的重大灾情。根据灾害对桥梁损坏的轻重缓急，可对桥梁的通行能力进行划分：①可以通行车辆；②有条件通行车辆；③紧急加固和通行抢险车辆；④无法紧急加固。

5.5 灾后桥梁应急抢修措施

5.5.1 上部结构应急抢修

1)桥面坍塌时

通过现场检测发现出现桥面坍塌时,所采取的应急措施通常有修筑应急便道或应急便桥(图5-2)。

应急便道的设置需要原桥所跨河流干涸或水流较小,并且地势较为平坦,与原桥面高差不能过大。在原桥的上游或下游修建临时便道,是最快速、最经济的应对措施。当桥梁所跨河道流水较深时,则可以考虑修建应急便桥来快速恢复交通。

国内应急便桥多用装配式钢桥,最大跨径可达70m。对于较长的多跨桥,桥梁的架设方式和中墩基础的选择应根据现场条件确定。

2)桥梁受损时

桥梁不同部件的损伤会对桥梁的使用造成不同的影响,特别是承重构件的损伤,如不及时采取有效的应急措施,恢复破损构件的承载能力,则会造成进一步的损伤甚至完全散失承载能力。

(1)粘贴钢板或碳纤维板加固

由于抗弯承载能力不足,桥梁跨中会产生超限裂缝,可以先封闭裂缝,然后在梁底粘贴钢板或碳纤维来恢复其承载力。

(2)设置临时支撑

当主梁开裂严重时,粘贴钢板或碳纤维已不能满足承载能力要求,可以设置桥下临时支撑(图5-3),快速恢复主梁承载力,不对桥上交通产生影响。支撑的方式有钢管支撑和排架支撑,要占用一定的桥下空间,所以对桥下交通有一定的影响。由于对地基承载力有一定的要求,此措施在城市跨线桥中应用较多,对于跨河桥,由于缺少现存的支撑基础,此措施一般不适用。

图5-2 桥梁应急便桥

图5-3 主梁临时支撑

图 5-4 更换主梁

(3)快速更换受损主梁

对于预制主梁，当只有其中一两片梁受损伤时，可以从原厂直接调运相同尺寸主梁进行更换(图 5-4)，也可采用备用钢梁进行更换。当桥跨结构受损严重，需要整体更换时，可以采用自动化程度较高的液压自行式模块运输车或大型的吊装设备对上部结构进行整体更换。

表 5-2 从使用条件、处置时间、交通影响和经济性方面给出了上述三种措施在桥梁抢修时的对比情况。

桥梁结构损伤应急措施比较表 表 5-2

措 施 名 称	粘贴钢板/碳纤维	桥梁临时支撑	更 换 主 梁
使用条件	桥下有操作空间	桥下有操作空间	有预制梁
处置时间	3h	10h	24h
交通影响	无	桥梁占用局部车道	中断交通
经济性	低	低	较高

5.5.2 下部结构应急抢修

1)桥墩抢修措施

桥墩是位于桥梁的中间部位，用于支承相邻两跨上部结构的建筑物，作用是将上部结构传来的荷载可靠而有效地传给基础。城市桥梁中以跨线桥居多，车辆对桥墩的撞击屡见不鲜，对于毁坏严重、丧失部分承载能力的桥墩，可以设置脚手架或钢管作为临时支撑(图 5-5)。

2)基础抢修措施

桥梁基础是连接墩台并将荷载传至地基的结构物，一般埋于地下。跨河桥的基础容易被河水冲刷后外露，城市跨线桥容易受地下施工的干扰，产生不均匀沉降，这些都会影响桥梁结构的安全。对于受洪水冲刷后只是基础外露，为防止桥进一步遭到破坏，所采取的措施一般有河道护砌、围堰防护和铅丝石笼防护(图 5-6)。

图 5-5 桥墩临时支撑

图 5-6 桥梁铅丝石笼防护

当基础受到地下或周边施工的扰动，产生不均匀沉降时，应采取同步顶升上部结构，以恢复沉降差异，确保桥梁的安全。

5.5.3 附属结构应急抢修

1）桥面板

桥面板是直接承受车辆轮压的承重结构，在构造上它通常与主梁的梁肋和横隔板整体相连，这样既能将车辆荷载传给主梁，又能构成主梁截面的组成部分，保证了主梁的整体性。

（1）覆盖钢板

当桥面板局部塌陷或开裂严重，且面积不大时，可以用钢板覆盖破损部位来满足行车的需要。

（2）临时托架支撑

对于主梁完好，桥面板受损严重，且面积较大时，采用钢托架对受损桥面板进行支撑，钢托架锚固在主梁腹板上，托架顶设置钢板托住受损的桥面板。

表5-3从使用条件、处置时间、交通影响和经济性方面给出了上述三种措施在桥梁抢修时的对比情况。

桥面板损坏应急措施比较表 表5-3

措施名称	覆盖钢板	临时托架支撑
使用条件	破损范围小于 $1m^2$	主梁完好
处置时间	2h	24h
交通影响	限速	无
经济性	低	较高

2）支座

支座的作用是支撑桥跨结构，同时把荷载传递给桥梁墩台，具有一定的变形功能。其主要损伤形式有：裂纹、不均匀鼓凸、老化脱胶、脱空、剪切变形、错位、支座钢板锈蚀以及破损失效等。

对于裂纹、不均匀鼓凸、老化脱胶、剪切变形以及破损失效的支座，需进行支座更换，错位的支座需复位。支座更换和复位都需对桥梁上部结构进行整体顶升，支座钢板锈蚀的需除锈和刷漆处理。

对于支座脱空，脱空处的支座可能是完好无损的，但这样可能导致桥梁整体受力发生改变，不再是设计时的结构受力模式，产生应力重分布，进而可能导致拉压应力超限，主梁开裂，甚至发生扭转倾覆现象。针对脱空这种病害，可采取以下应急措施。

（1）加钢垫板

脱空轻微，支撑体系改变不大时，可以在支座旁边的梁底或梁端横隔处设置千斤顶，将梁适当顶起，垫入钢板（50mm 以内）或铸钢板（50～100mm）。

(2)施加配重

脱空带来的是桥梁支撑体系的改变，施加配重可以恢复原桥的受力体系，减少桥梁危害。在紧急情况下，可以用钢锭或预制混凝土块在发生支座脱空的主梁处施加临时配重。

(3)支座更换

当支座破坏严重时，在不影响交通的情况下，应对支座进行更换。

第6章　郑州西南绕城须水河支沟桥灾害分析

桥梁全寿命期内的偶然灾害荷载具有不可预见性。本章对郑州西绕城高速公路须水河支沟桥的灾害情况进行介绍，通过简要计算对其灾害原因进行分析，并对其桥梁抢修重点、难点进行分析。

6.1 工程概况

须水河支沟桥位于郑州西绕城高速公路，桥梁全长226.88m，结构形式为装配式预应力混凝土连续小箱梁桥结构，跨径组合为5×20m+6×20m。桥梁分双幅布置，单幅桥梁总宽度16.5m，由5片小箱梁组成，梁高1.2m。桥面铺装为10cm厚C40混凝土铺装层+11cm厚沥青混凝土铺装层，墩台处采用GQF-80型伸缩缝，支座共采用GYZF4325X55、GYZF4225X58和GYZ325X55三种板式橡胶支座形式。箱梁采用C50混凝土，墩柱、盖梁采用C30混凝土，桩基采用C25混凝土。

右幅桥梁总体立面图、横断面图及其相应的桥墩编号如图6-1和图6-2所示，该幅6号立柱高度达11m，为最高立柱；设计柱径1.2m，桩径1.5m，桩长38m，地质条件为黏土或粉质土，下有卵石夹层。

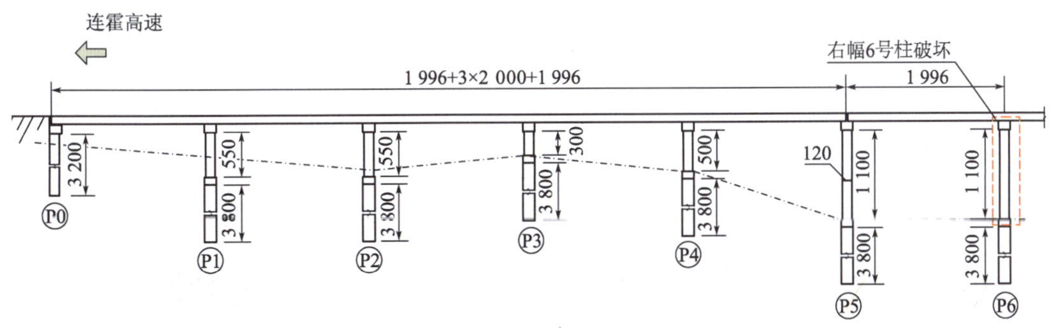

图6-1　桥梁右幅立面示意图（尺寸单位：cm）

2014年7月7日，须水河支沟桥右幅桥梁出现桥梁安全事故，如图6-3所示，经现场调查，桥梁西侧倾倒有大量建筑垃圾，地面高程因堆积填土和建筑垃圾比原设计地面高程高出约5m。位于6×20m跨的6号墩右幅桥梁最外侧立柱（6-6号立柱，构件编号如图6-9所示）出现倾斜断裂，上部桥面结构下陷，严重阻碍了交通通行。

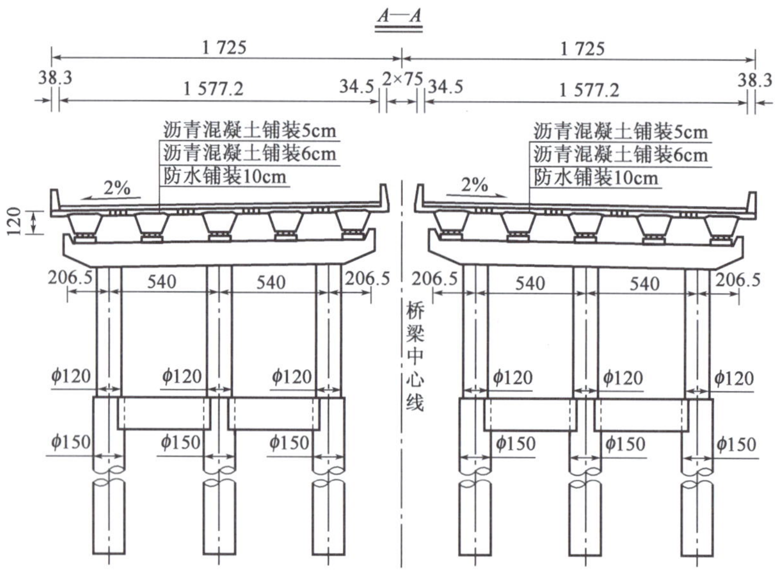

图 6-2　桥梁标准横断面图(尺寸单位:cm)

图 6-3　须水河支沟桥灾害事故现场

6.2 原因分析

6.2.1　受损立柱承载力估算

1) 立柱配筋及其计算参数

受损立柱尺寸及其配筋示意图如图 6-4 所示,立柱净高 11m,直径 1.2m,混凝土强度等级为 C25;立柱下端桩基直径 1.5m,桩基横向采用系梁联系,立柱盖梁高 1.3m,顺桥向宽为 1.5m。立柱采用螺栓配筋方式,箍筋直径 8mm,间距 20cm,纵筋由 24 根直径 22mm 的二级钢筋组成。材料计算参数参考《公路钢筋混凝土及预应力混凝土桥涵设计规范》(JTG D62—2004)。

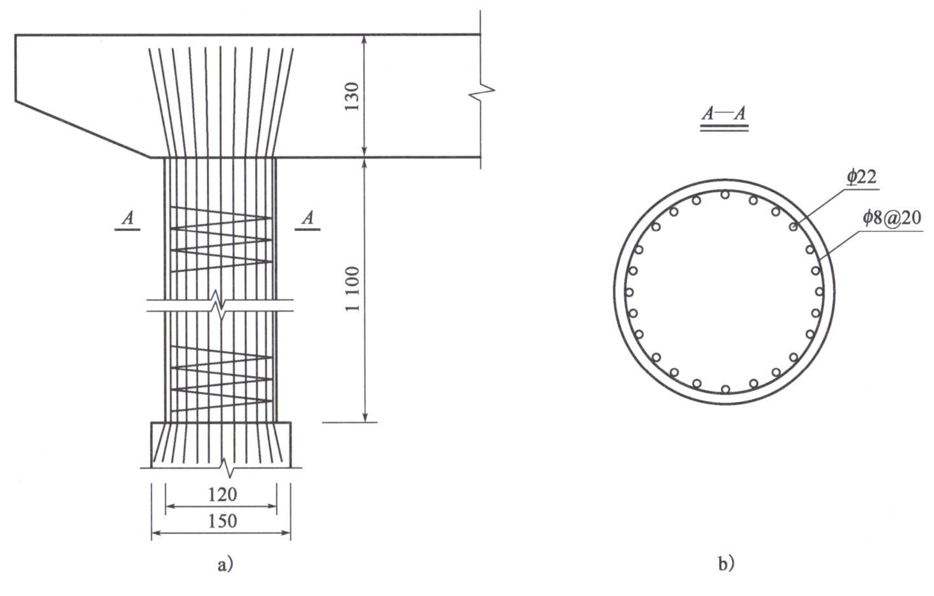

图 6-4 立柱配筋示意图(尺寸单位:cm)

a)立面图;b)剖面图

2)内力估算

(1)只考虑结构自重时

为得到受损立柱在自重荷载作用下的内力分布情况,首先根据上部 6~20m 预应力混凝土小箱梁计算模型,同时考虑桥面混凝土铺装层、沥青铺装层和桥面护栏荷载,求解得到作用于受损盖梁处各支座反力。假定立柱底端为固结方式,建立盖梁和立柱的有限元模型,计算得到自重荷载作用下立柱及盖梁的弯矩和轴力分布如图 6-5 和图 6-6 所示,计算得到自重荷载作用下边立柱弯矩 $M_G=19.11\text{kN}\cdot\text{m}$,轴压力 $N_G=687.26\text{kN}$。

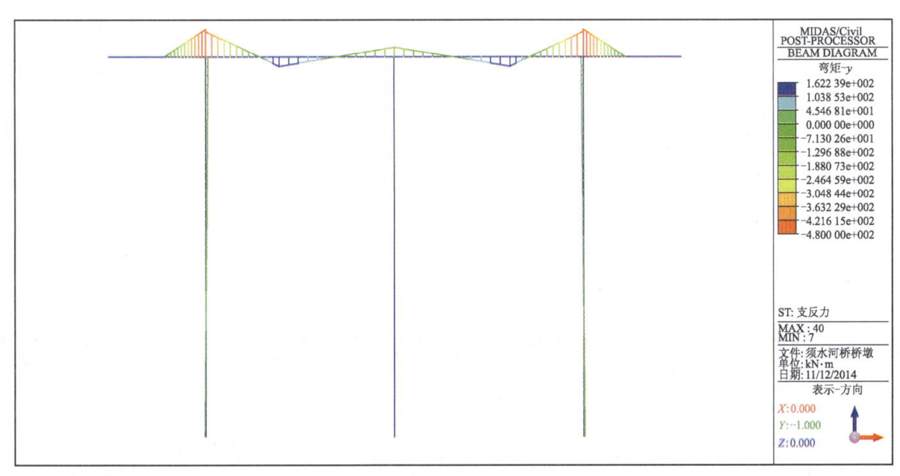

图 6-5 自重下弯矩图

(2)受外荷载作用时

目前,国内对于垃圾材料的成分以及物理力学性质并没有很多的理论及研究试验结果,对于垃圾坝后所阻挡的垃圾土的物理力学参数的取值并没有一个可供参考的试验依据，这里参考相关资料，取垃圾重度 $\gamma=20\text{kN/m}^3$，内摩擦角 $\varphi=20°$，根据《公路桥涵通用设计规范》(JTG D60—2004)中式(4.2.3-4)，主动土压力计算公式可表示为：

$$E=\frac{1}{2}B\mu\gamma H^2 \tag{6-1}$$

$$\mu=\frac{\cos^2(\varphi-\alpha)}{\cos^2\alpha\cdot\cos(\alpha+\delta)\left[1+\sqrt{\dfrac{\sin(\varphi+\delta)\sin(\varphi-\beta)}{\cos(\alpha+\delta)\cos(\alpha-\beta)}}\right]^2} \tag{6-2}$$

式中：E——主动土压力标准值，kN；

μ——主动土压力系数；

γ——土的重度，kN/m^3；

B——挡土的计算宽度，m，取 $B=0.8$，$d=0.96\text{m}$；

H——计算土层的高度，m，取 $H=8\text{m}$；

β——填土表面与水平面的夹角，取 $\beta=50°$；

α——挡土结构墙背与竖直面的夹角，$\alpha=0°$；

δ——土的外摩擦角，$\delta=\varphi/2=10°$。

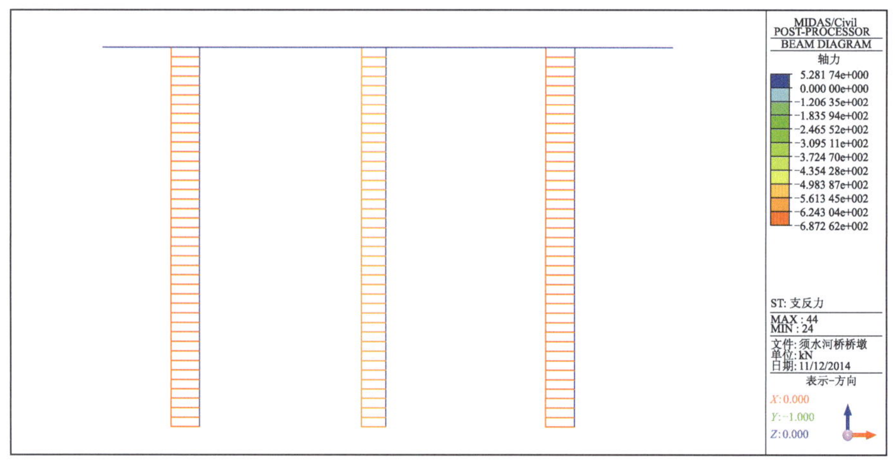

图 6-6　自重下轴力图

计算得到垃圾堆载对立柱造成的水平土压力荷载 $E=707\text{kN}$，压力合力作用点位于立柱底端向上 2.67m。

将此水平荷载引入有限元模型后，计算得到自重荷载作用下立柱及盖梁的弯矩和轴力分布图如图 6-7 和图 6-8 所示，计算得到水平外荷载下边立柱弯矩 $M_Q=1\,365.3\text{kN}\cdot\text{m}$，水平剪切力 $V_Q=630.6\text{kN}$。

同时，针对垃圾堆倾倒过程中可能产生的冲击荷载，这里假定冲击增大系数为 1.5，从而得到受损边立柱最不利外荷载为：弯矩 $M=2\,067.06\text{kN}\cdot\text{m}$，水平剪切力 $V=945.9\text{kN}$，轴压力 $N=687.26\text{kN}$。

(3)立柱承载力计算

①压弯承载力

根据《公路钢筋混凝土及预应力混凝土桥涵设计规范》(JTG D62—2004)中 5.3.9

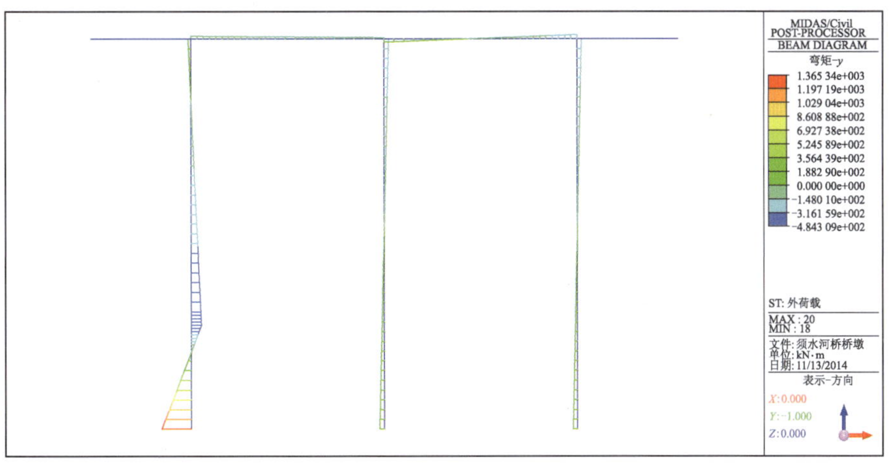

图 6-7　外荷载下弯矩图

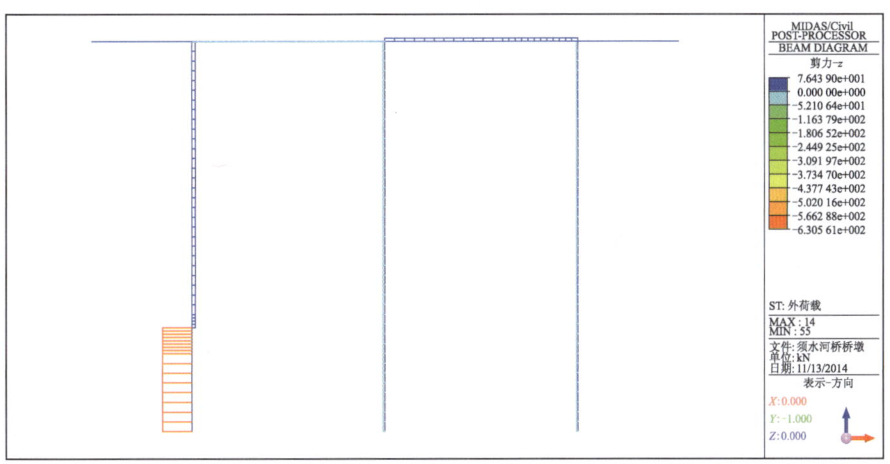

图 6-8　外荷载下剪力图

条,沿周边均匀配置纵向钢筋的圆形截面钢筋混凝土偏心受压构件,其正截面抗压承载力计算应符合下列规定:

$$\gamma_0 N_{\mathrm{d}} \leqslant Ar^2 f_{\mathrm{cd}} + C\rho r^2 f'_{\mathrm{sd}} \tag{6-3}$$

$$\gamma_0 N_{\mathrm{d}} e_0 \leqslant Br^3 f_{\mathrm{cd}} + D\rho g r^3 f'_{\mathrm{sd}} \tag{6-4}$$

偏心距增大系数 η 按下式计算得到:

$$\eta = 1 + \frac{1}{1\,400 e_0/h_0}\left(\frac{l_0}{h}\right)^2 \zeta_1 \zeta_2 \tag{6-5}$$

$$\zeta_1 = 0.2 + 2.7\frac{e_0}{h_0} \leqslant 1.0 \tag{6-6}$$

$$\zeta_2 = 1.15 - 0.01\frac{l_0}{h} \leqslant 1.0 \tag{6-7}$$

式中:　γ_0——结构重要性系数,这里取 1.0;

r——立柱半径;

g——纵向钢筋所在圆周的半径与立柱半径之比,$g=0.9$;

ρ——纵向钢筋的配筋率，$\rho = 0.807\%$；

e_0——轴向力的偏心距，$e_0 = M/N_d$；

M——设计弯矩；

N_d——轴向力；

f_{cd}——立柱混凝土抗压强度设计值；

f'_{sd}——立柱内纵筋强度设计值；

h、h_0——立面柱截面高度和有效高度；

l_0——构件长度；

ζ_1、ζ_2——荷载偏心率和构件长细比对截面曲率的影响；

A、B、C、D——与混凝土承载力和纵向钢筋承载力有关的系数。

A、B、C、D 可按照 JTG D62—2004 规范附录 C 中迭代方法计算得到，详细的迭代过程为：

a. 求解得到轴向力的偏心距 e_0。

b. 假设 ξ 值，查规范表格，得到系数 A、B、C、D，并将系数带入式(6-8)中，得到新的轴向力的偏心距 e'_0，判断与 e_0 是否相等。相等则迭代结束，否则重新假设 ξ 继续计算。

$$e'_0 = \frac{Bf_{cd} + D\rho g f'_{sd}}{Af_{cd} + C\rho f'_{sd}} r \tag{6-8}$$

根据上述计算流程及立柱的内力计算结果，编制程序计算得到各系数的取值分别为 $A = 0.795\,2$，$B = 0.514\,3$，$C = -0.811\,5$，$D = 1.797\,9$。

带入式(6-3)和式(6-4)，可得到压弯荷载作用下立柱的正截面承载力为：

$Ar^2 f_{cd} + C\rho r^2 f'_{sd} = 2\,461\text{kN} > N_G = 687.26\text{kN}$

$\gamma_0 N_d e_0 \leqslant Br^3 f_{cd} + D\rho g r^3 f'_{sd} = 2\,008\text{kN} \cdot \text{m} < 2\,067.06\text{kN} \cdot \text{m}$

因此，在估算的外荷载作用下，桥墩立柱根部达到了极限受弯状态。

②压剪承载力

《公路钢筋混凝土及预应力混凝土桥涵设计规范》(JTG D62—2004)对于圆柱形构件在偏心压力作用下的受剪承载力并无明确规定，这里参考《混凝土结构设计规范》(GB 50010—2010)中 6.3.12 条规定，圆形构件的抗剪承载力可表示为：

$$V_u = \frac{1.75}{\lambda + 1} f_t b h_0 + f_{yv} \frac{A_{sv}}{s} h_0 + 0.07N \tag{6-9}$$

式中：λ——计算截面的剪跨比；

f_t——混凝土抗拉强度；

b——截面计算宽度，这里取 $b = 1.76r$；

h_0——截面有效高度，对圆形截面取 $h_0 = 1.6r$；

f_{yv}——箍筋的抗拉强度；

A_{sv}——验算截面处箍筋截面积；

N——立柱压力设计值；

s——箍筋间距。

代入参数可得到偏心压力作用下立柱的抗剪切承载力 $V_u = 885\text{kN} < 945.9\text{ kN}$。

因此，在估算的外荷载作用下，桥墩立柱根部达到了极限受剪状态。

6.2.2 结果分析

通过上述计算表明，在估算的垃圾堆产生的横向水平力作用下，6 号墩 6-6 号立柱根部受弯及受剪均基本达到了极限状态，因此可以认为是事故的原因之一。同时，考虑事故现场的复杂性，由于存在大体积建筑垃圾倾倒过程，巨大的冲击作用于事故立柱，造成该立柱横向受力过大而出现破坏。

对其他构件而言，立柱横向剪切破坏进而导致盖梁在该侧处于悬臂状态，上部结构失去支撑后该断面由负弯矩受力状态变为正弯矩受力状态；但 6 号墩 6-4 号和 6-5 号立柱（右幅桥梁 6 号墩未破坏立柱）仍能承受竖向压力作用，且由于横隔板及小箱梁刚接铰缝作用使得上部结构整体性较好，因此未出现上部结构整体或单梁的坍塌。

6.3 桥梁现场检测及评定

为查明该桥潜在损伤状况以及为下一步进行桥梁抢修加固提供翔实的资料，事故发生后立即对该桥进行了结构检测及评定。6 号墩处构件编号示意图如图 6-9 所示。

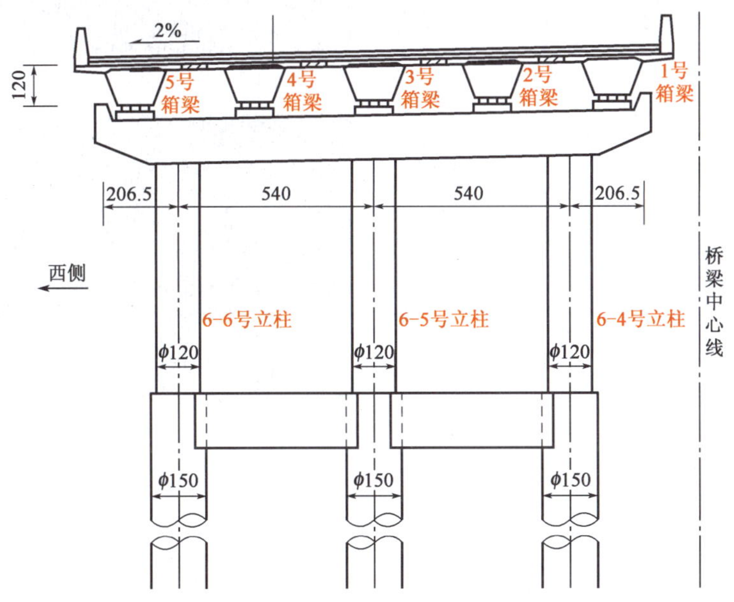

图 6-9　6 号墩处构件编号示意图（尺寸单位：cm）

1）下部结构损坏情况

根据检测结果，6 号墩 6-6 号立柱剪断，6-4 立柱、6-5 号立柱、盖梁以及梁体均出现不同程度的破坏。其中，立柱 6-6 号已完全断裂（图 6-10），立柱 6-4 号、6-5 号有明显的横向变形，且 6-5 号立柱顶部出现环向裂缝（图 6-11、图 6-12），距天然地面 1.2m 以上立柱每 20～30cm 有 1 条环向裂缝，柱梁固结位置西侧面有斜向裂缝。6-4 号立柱自地面 2.3m 以上每 20～30cm 有 1 条环向裂缝，立柱、盖梁固结位置西侧面有斜向裂缝。

5 号墩及 7 号墩盖梁及立柱均未发现明显裂缝，支座未发现移位。立柱系梁与立柱交界处混凝土有轻微裂缝，桩基未出现明显的移位及开裂现象。

图 6-10　6-6 号立柱严重倾斜、断裂

图 6-11　6-5 号立柱环向、斜向裂缝

图 6-12　6-4 号立柱环向、斜向裂缝

2）上部结构损坏情况

如图 6-13 ~ 图 6-15 所示，4 号、5 号箱梁支座已完全脱空，1 号、2 号和 3 号箱梁局部脱空，横桥向滑移大约 10cm。桥梁西侧边梁，即 5 号箱梁在 6 号墩位置处竖向开裂，裂缝延伸至翼缘板顶面。

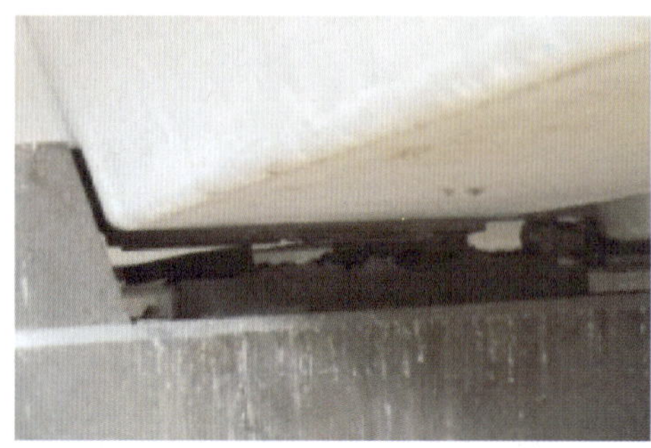

图 6-13　1 号、2 号箱梁支座脱空

图 6-14　3 号 ~5 号箱梁下方支座横向滑移

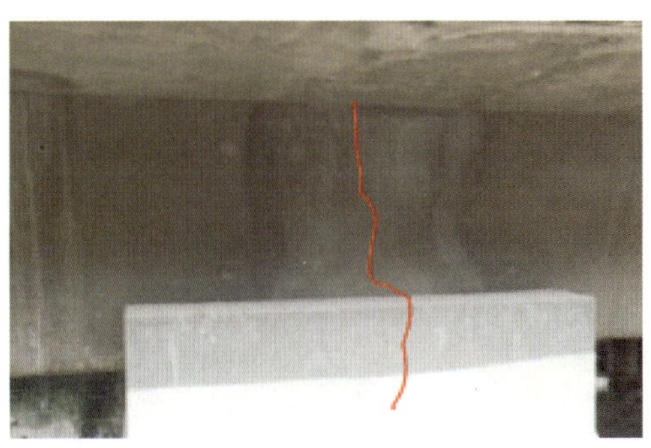

图 6-15　5 号箱梁在 6 号墩位置处竖向开裂

3）检测结果分析

检测分析结果表明，下部结构中桩基及系梁基本完好，满足承载要求，可以继续使用；6-5 号立柱已完全剪切破坏，6-4 号和 6-5 号立柱出现多条横向贯通裂缝，该幅 6 号桥墩基本丧失使用功能要求，应予以更换。上部结构有明显的下挠现象及轻微的混凝土开裂现象，经复位、荷载试验及裂缝处理后验证是否可以继续满足设计通行要求。6 号墩处支座出现明显变形现象，应予以更换。

6.4 抢修重难点分析

为按时、保质完成桥梁抢修加固工作，应事先结合工程特点，对预期存在的重难点工作进行预判和分析。研究认为，本抢修工程存在下述重点和难点：

（1）由于郑州西南绕城高速须水河支沟桥处于该路段凹曲线最低点，桥下有大量的淤泥，深为 5 ~7m，且淤泥流动性较大（图 6-16），须先将淤泥清除才能进行下一步桥梁应急抢修工作。

（2）由于该桥 6 号墩 6-6 号立柱剪断，6-4 号和 6-5 号立柱、盖梁以及梁体均出现不同程度的破坏，如在清淤过程中导致立柱周围受力不平衡或者机械与结构物发生碰撞，故桥下作业人员与机械的安全将成为重点。

（3）由于事故发生季节正处于雨季，如遇暴雨或连续降雨，0 号台以北约 1km 左右的路面及上边坡的雨水将通过边沟全部汇集桥下。给清淤工作及支撑加固工作带来极大困难。因此，桥下雨季排水也是桥梁抢修加固的重点和难点。

图 6-16　桥下淤泥原始现场

(4)由于上部结构的存在,且受损桥墩也不属于高墩,抢修加固中桥下施工空间狭窄,且不属于常规施工过程中从下至上的施工工序,因此,制订科学合理的抢修加固设计及施工方案,势必是该工程顺利完成的重要条件。

6.5 保通方案

为保证桥下正常施工,防止抢修期间发生安全事故,保障桥上交通正常运营,实行单幅双向四车道通行方案。封闭该桥西半幅,桥头 1 000m 处设置变道指示标志,桥头处中央分隔带开口 100m,将由南向北车辆引导至左幅桥梁限速行驶,左幅桥梁中心线处采用注水式隔离墩将双向行驶车辆硬隔离。

桥头处安排人员 24h 值班,配备爆闪灯、车辆引导指示牌、交通提示牌等交通引导措施,并配有交警人员引导指挥。车辆保通分流示意图如图 6-17 所示。

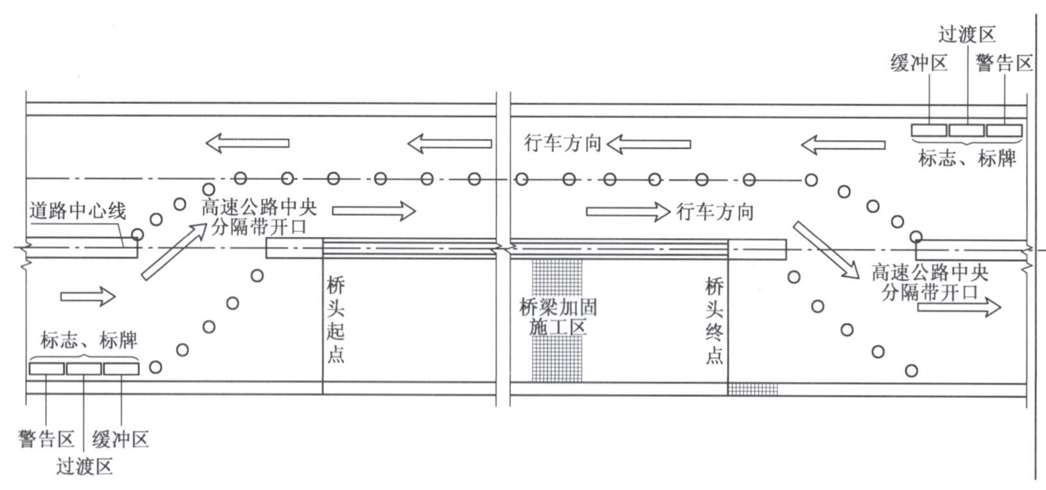

图 6-17　施工保通示意图

要做好保通工作,应注意以下事项。

1)做好宣传组织工作

通过报纸等新闻媒介发布施工通告,并利用公路可变信息板、施工路段悬挂标语等方法显示施工段落的起终点位置、行车注意事项、交通警示语等内容。成立交通安全机构，组织交通安全培训；将交通安全保障措施纳入具体的施工方案和细节中，制定安全岗位职责，提高全体施工人员的综合素质和安全防范意识，有针对性地组织由高速交警、路政、监理单位、施工单位及有关人员参加的保通协调会，建立高效的协调与配合机制。

2）加强对超限运输和危险物品运输的管理

针对高速公路运输的特点，预先做好影响高速公路交通安全的各种防范工作。特别是针对超限超载车辆、危险物品运输车辆，要加大管理力度，加强监督，严肃查处。

3）加强对路面作业施工的监督

如果施工作业人员在高速公路上施工时安全意识不强，或者施工管理人员对施工现场交通安全的监督管理不严，可能会导致交通事故的发生。因此，交警部门和路政管理部门应加强路面巡查和施工现场的监督，确保施工路段按有关规定安全施工，引导施工车辆有序通行。

4）合理设置交通安全设施

交通安全设施是减少、减缓和杜绝交通事故的有力措施之一，路面施工时，用隔离墩将施工区和通行区隔离开，规定车辆限速行驶，确保车辆安全通行和道路安全施工。

5）限制车速

根据交通事故设计，车速和事故发生率成正比，事故发生多因车速太快所致，如果将车速限定在规定范围内，无疑将大大降低事故发生率。经实地调查和科学分析，施工期间该段通行车辆限速为60～80km/h。

6）充分利用交通标志、标线及交通诱导设施

交通标志、标线及交通诱导设施是利用图形、文字向驾驶人员传递道路信息，在路面施工期间，合理设置道路交通标志、标线及诱导设施，可以提高道路通行能力，减少交通事故的发生。

第7章 郑州西南绕城须水河支沟桥加固设计

本章对郑州西南绕城须水河支沟桥的应急抢修加固设计方案进行介绍，阐述桥梁抢修方案设计的基本原则、设计要点及应急抢修流程，给出了抢修关键阶段的具体设计施工方案。

7.1 方案设计基本原则

针对以上病害总体情况及重难点分析结果，设计和施工方案的确定应遵循以下几点原则：

(1)加固设计方案应对症下药、标本兼治。

(2)安全性原则。

既要考虑各种病害导致结构承载力的降低，也要考虑加固措施及其施工过程对结构承载力的不利影响。特别是对原结构的损伤，应尽量减至最低程度。

(3)方便施工原则。

加固方案的制订要充分考虑当地施工条件和难度，方便施工。

(4)经济性原则。

加固措施在满足功能要求的前提下，应兼顾经济性原则，避免不必要的浪费。

(5)动态设计原则。

边施工、边监控、边调整。旧桥加固有别于新桥，设计方案和施工工艺均应遵循动态设计原则，不断完善施工工艺，并根据监控结果及时调整设计。

施工单位进场后，若发现新的病害或病害情况与检测报告有明显差异，应及时与设计方联系沟通，待核实后确认具体实施方案。

7.2 抢险加固方案总体设计

7.2.1 加固设计要点

本次桥梁抢修加固的主要目标是恢复结构原有正常使用功能。根据现场检测结果以及病害成因，提出抢修加固设计要点如下：

(1)对桥梁西侧建筑垃圾逐渐开挖放坡。

(2)为6号墩受损盖梁设置临时钢斜撑。

(3)桥下淤泥清理,在6号墩两侧设置桥下临时钢立柱支撑并顶升主梁。

(4)拆除6号桥墩立柱及以上盖梁,重新浇筑新立柱和盖梁。

需要说明的是,加固所能达到的目标是建立在平时对桥梁进行完善养护和规范化施工基础之上的,若施工不规范、养护不得当,加固的效果也会随着时间的推移而逐渐减弱直至丧失。根据此次加固的原则,对已有病害予以清除,实际操作时应尽可能不损伤原桥无病害部分;充分考虑维修及加固新增构造物与原结构的连接,使新旧结构形成整体,共同协调工作;施工方便、可行,同时尽可能减少对交通的影响。

7.2.2 加固设计流程

在具体的施工过程中,施工单位可结合业主要求、工期安排、自身施工经验及施工条件等对施工流程进行优化,在确保施工质量的前提下,最大可能地缩短抢修工期和减少对交通的影响。

具体的加固设计施工流程如下:

(1)交通管制,实行单幅双向通行。

(2)西侧建筑垃圾卸载。

(3)西侧临时盖梁钢斜撑施工。

(4)桥下清淤及临时钢立柱的扩大基础及承台施工。

(5)桥下钢立柱及钢横梁吊装。

(6)架设千斤顶顶升支撑主梁。

(7)拆除受损盖梁和立柱。

(8)钢筋绑扎、支模重新浇筑新立柱和盖梁。

(9)顶升更换支座完成体系转换。

(10)临时支撑拆除,荷载试验及部分病害处理。

(11)恢复交通。

7.3 卸载设计方案

根据现场测量,须水河支沟桥右侧建筑垃圾横桥向斜坡长度约23m,堆积高度约13m,沿纵向行车方向约97m(图7-1)。分析结果表明,建筑垃圾边坡比在1:1.5以内会处于安全状态,但由于垃圾较多,需要削减荷载,减少土体侧压力。

在保证施工作业安全的前提下,结合建筑规范和规程,采用三级放坡。自坡顶向内15m开始开挖,第一级放坡深度5m,放坡宽度10m,马道宽度1m,按1:2.0的坡比放坡;第二级放坡深度8m,放坡宽度14m,马道宽度1m,按1:1.75的坡比放坡;第三级放坡深度至6号墩系梁约8m处,放坡宽度12m,按1:1.5的坡比放坡。放坡示意图如图7-2所示。

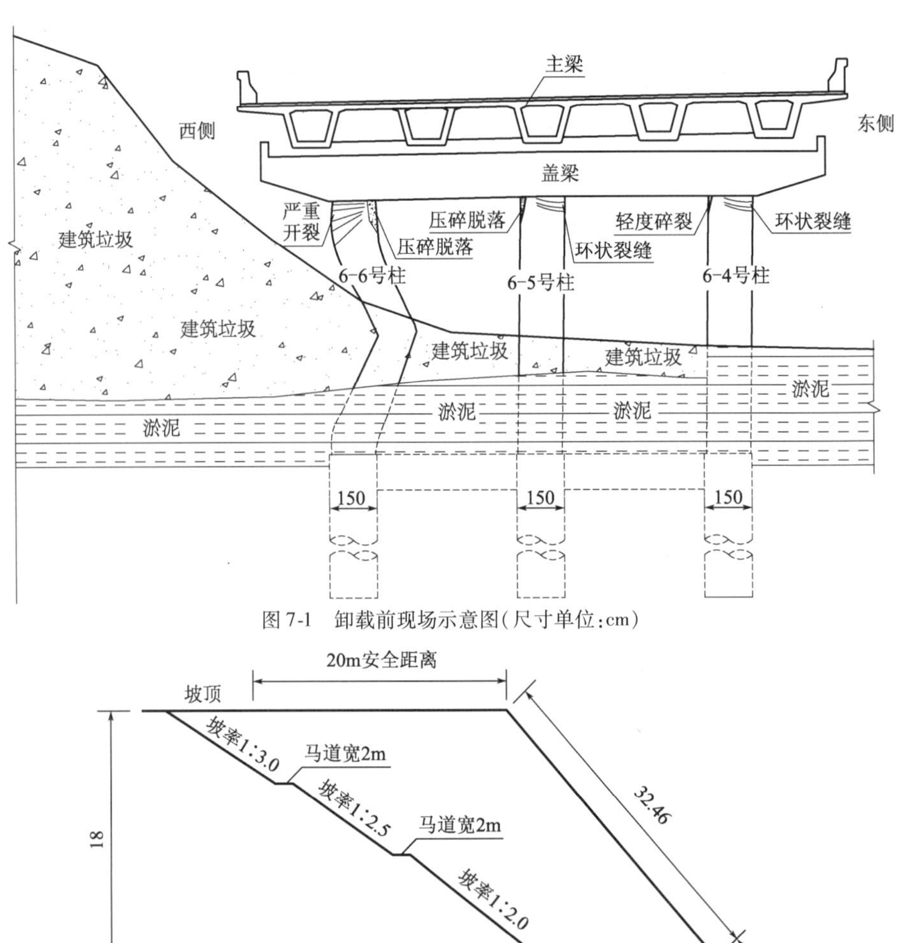

图 7-1　卸载前现场示意图(尺寸单位:cm)

图 7-2　卸载放坡示意图(尺寸单位:m)

7.4 盖梁临时斜撑设计方案

为保证桥下施工的安全性,受损盖梁临时支撑采用在盖梁外侧临时斜撑方案,通过新增加临时桩基、承台和斜撑来实现。设计要点包括:

(1)首先进行第一次开挖卸载,在受损的6-6号立柱内侧进行反压荷载,待变形稳定后进行下一步施工。

(2)在6号墩横桥向外侧距6-6号立柱4.45m处浇筑2根临时支撑基桩,设计桩径1.2m,有效桩长19.9。

(3)桩顶承台总高度2m,横桥向宽度2.7m。承台上通过预埋件连接支撑斜撑。斜撑采用2根ϕ630mm,壁厚16mm的无缝钢管。安装时先支撑盖梁底端,在钢管底部设置楔形钢板调整高度。

斜撑示意图如图7-3所示。

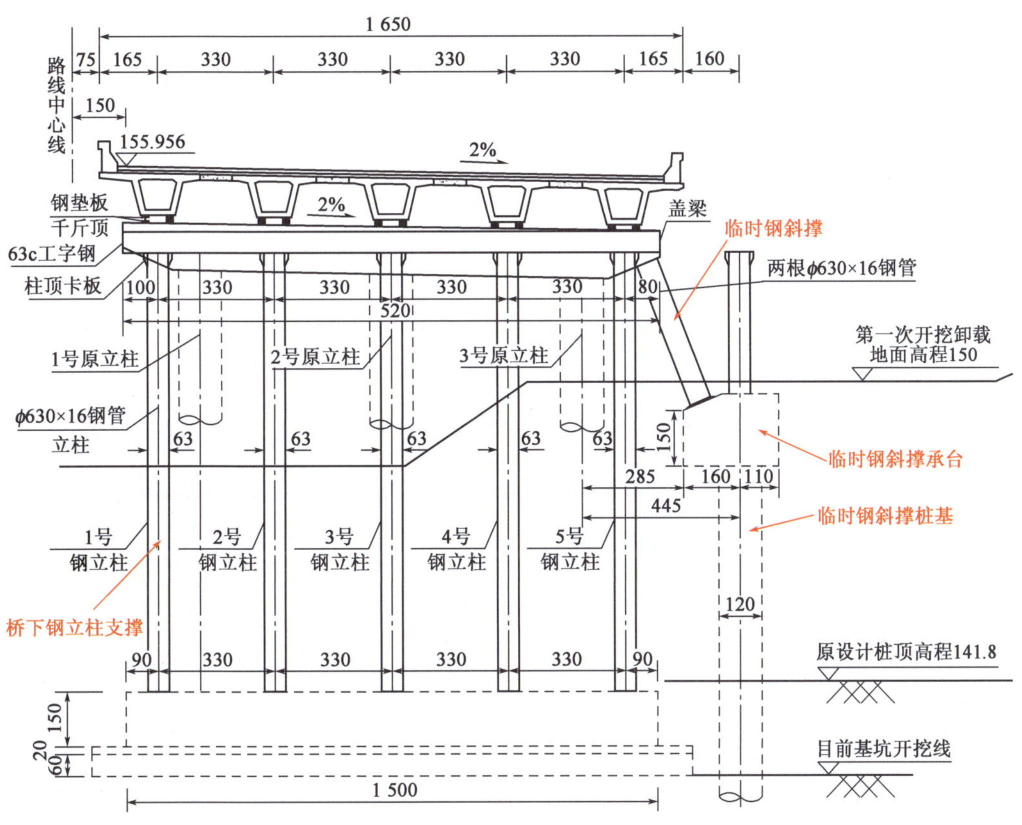

图 7-3 盖梁临时斜撑示意图(尺寸单位:cm)

7.5 主梁临时支撑设计方案

为使上部结构恢复原来状态,保证桥面线形,同时满足桥下立柱、盖梁的设计高程要求,采用上部结构整体顶升方案。经研究确定采用扩大基础+竖向钢立柱的支撑方式。具体的设计要点包括:

(1)待盖梁临时斜撑施工完毕且结构稳定后,清除桥下淤泥,开挖基坑。

(2)基坑开挖完成后在其全部范围内铺设60cm厚碎石垫层,分两次压实。

(3)在碎石垫层上浇筑20cm厚C30混凝土垫层。

(4)施工钢筋混凝土扩大基础,基础横桥向长15m,纵桥向宽2.5m,高1.5m,基础布置示意图如图7-4所示。

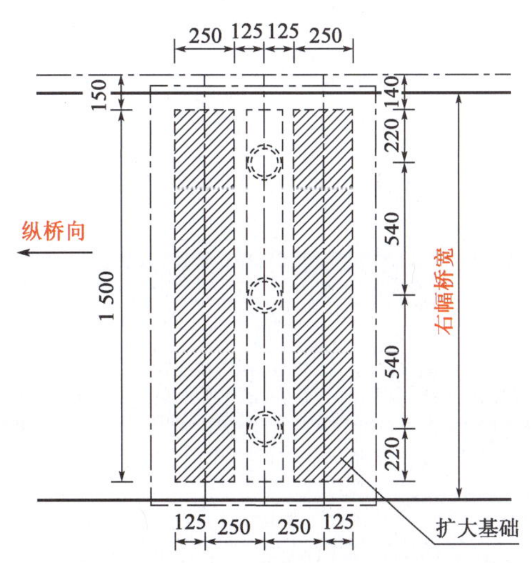

图 7-4 扩大基础平面布置示意图(尺寸单位:cm)

(5)在扩大基础上安装 ϕ630mm,壁厚 16mm 的无缝钢管,安装中心对应上部小箱梁中心,每层共 5 根钢管,钢管内灌砂注水,同时在其高度中心处设置水平连接系。

(6)立柱顶安装卡板,吊装 63c 工字钢支撑横梁,两根并置焊接,材质为 Q345 钢。

(7)工字钢顶板与梁底之间设置钢垫板和千斤顶支撑,支撑高度可根据现场情况调整。立柱布置示意图如图 7-5 所示。

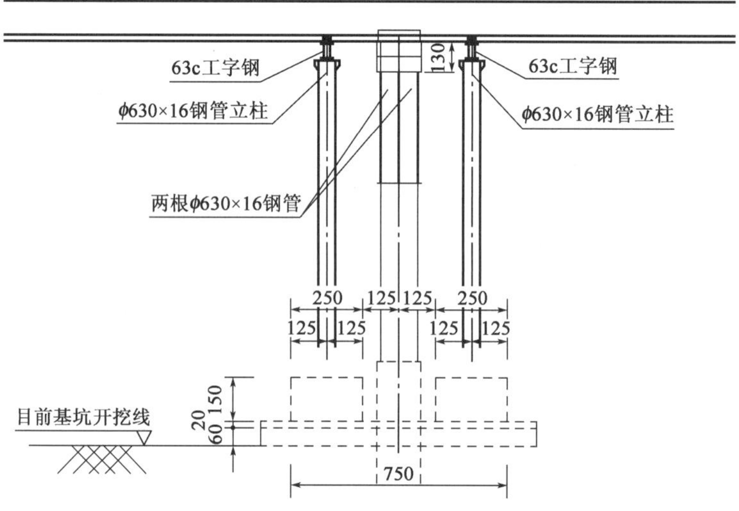

图 7-5 临时支撑立面图(尺寸单位:cm)

7.6 顶升设计方案

为保证后续凿除受损盖梁、立柱和新盖梁立柱浇筑施工的安全性,恢复上部结构的正常受力体系,需对上部箱梁进行顶升。

顶升过程中千斤顶采用与支座相同的布置形式,单片小箱梁采用两个千斤顶。千斤顶布置示意图如图 7-6 所示。具体的设计要点如下:

(1)待搭设完临时支架、盖梁,预压完成后,安装油泵和千斤顶并检查。

(2)采用相同型号的千斤顶,并采用同一油泵供油。

(3)千斤顶应缓慢、分级加载,周期性顶升。

(4)施工过程中进行变形监控。

为保证抢修工程的顺利完成,考虑千斤顶的失效风险,共设计两种顶升方案:

1)方案一

采用交替式顶升方案。交替式顶升能消除顶升时因千斤顶失效而出现的任何安全隐患。交替顶升时为每个支撑点布置两组可主动施加顶升力的千斤顶,并由控制台控制液压泵站驱动两组千斤顶进行反复交替顶升。顶升过程中,先由第一组千斤顶将梁体顶升一个行程,同时在顶升过程中另一组千斤顶做跟随使用,防止千斤顶失效时梁体突然坠落。一个行程过后,通过控制台控制液压泵站驱动第二组千斤顶进行顶升,同时控制第一组千斤顶收缸,并在收缸后的第一组千斤顶的活塞下垫设相应高度的钢支撑垫块。重复以上步骤,直至完成整个顶升过程。在顶升过程中采用位移控制,以确保其达到预期的顶升计划,千斤顶自动锁死,以防千斤顶在持续受力过程中出现失压的情况。

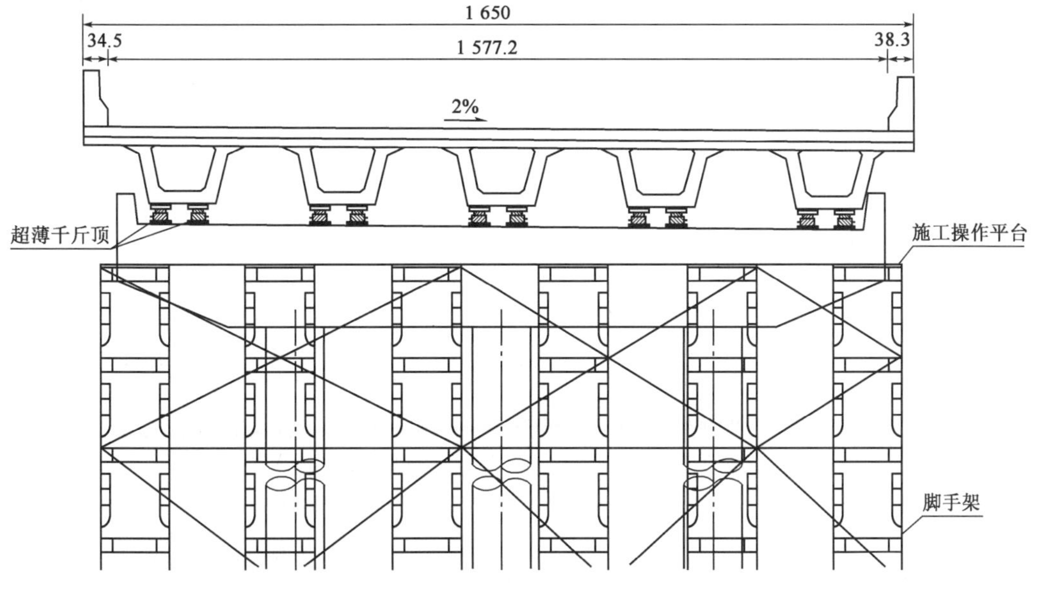

图 7-6 千斤顶布置示意图(尺寸单位:cm)

2)方案二

采用整体顶升方式。在顶升过程中采用位移控制,当达到预期的顶升计划时,千斤顶自动锁死,以防千斤顶在持续受力过程中出现失压的情况。

7.7 受损立柱/盖梁凿除方案

如图 7-7 所示,根据桥下空间吊装要求,保证新旧结构的整体性,6 号桥墩 6-5 号立柱处桩基顶 150cm 以上部分采用分块切割后吊装,距桩基顶 150cm 以下采用人工凿除,6-4 号和 6-6 号立柱则凿除至桩基顶面以下 100cm。具体的设计施工工序包括混凝土切割和混凝土凿除。

1)混凝土切割

混凝土切割流程为:施工准备→放线(弹线)→切割设备就位(固定)→混凝土(钢筋)切割→切块吊装→清理现场。

(1)施工准备

确保施工现场水通、电通。在切割过程中采用冷水进行切割设备降温和清除扬尘。在切割区域周围组织有序排水,防止施工用水污染周围环境。

(2)分块放线

依据施工图纸和现场勘查结果,放线将实体分层、分块切割。

计算切割块的重量,需满足起重设备的重量要求和运输空间的要求。

(3)切割设备就位

依据切割线选择合理的切割位置,安装切割设备。

采用在混凝土实体上钻孔,用膨胀螺栓固定设备底座。

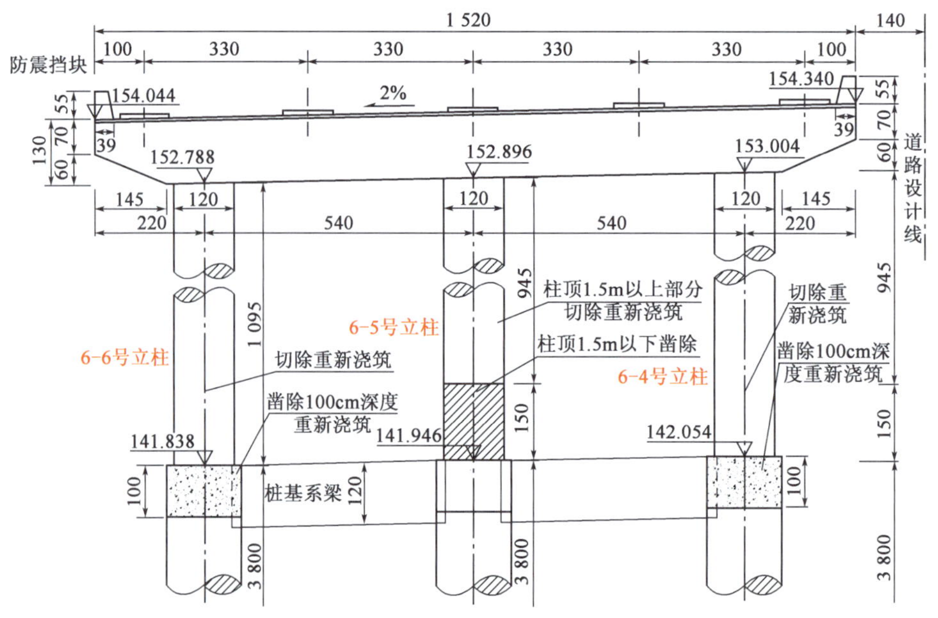

图 7-7　混凝土凿除区域示意图(尺寸单位:cm)

(4)混凝土切割

采用金刚石蝶式锯片切割,将原混凝土全部拆除,采用分块分段作业,切除时控制切割深度。

2)混凝土凿除

(1)定位放线,按照图纸的要求,用墨线弹出应凿除的混凝土轮廓线。

(2)施工时,采用气泵风镐机械。凿除时,应向内预留 10cm(采用人工凿除剩余部分混凝土),防止机械凿除时引起周边混凝土的松动,影响其混凝土的强度,且利于尺寸的控制。

(3)先凿除表层混凝土,凿至一定深度后,再从侧面继续凿除,直至凿完,同时清理钢筋上残留混凝土。

(4)人工用锤子和钎子剔除剩余 10cm 厚混凝土,用无油压缩空气机清理干净。

7.8 新立柱/盖梁设计方案

根据凿除方案,分别针对中间 6-5 号立柱和两侧的 6-4 号、6-6 号立柱采用不同的处理方式,要求墩柱、桩顶新旧混凝土接触表面凿毛,外露集料达 1/3 以上,要求凿毛过程中不要触及墩柱凿除预留钢筋,凿毛后墩柱应重新清理干净,出现锈蚀及顺直度问题应进行及时处理。新浇筑的墩柱钢筋绑扎时应与原墩柱主筋焊接。焊接时应注意焊接断面错开 0.5m,双面焊接长度不小于 25cm。图 7-8 和图 7-9 为两种处理方式下钢筋连接示意图。

新浇筑桥墩采用与原桥相同的几何尺寸,标准断面配筋示意图如图 7-10 所示。立柱纵筋采用直径为 22mm 的三级钢筋,钢筋中心间距 14.3cm,外侧采用直径为 8mm 的螺旋箍筋，箍筋间距 20cm，加密区为 10cm，内侧采用直径为 22mm 的圆形钢筋骨架，单根立柱布置 6 道，平均间距 1.6m。

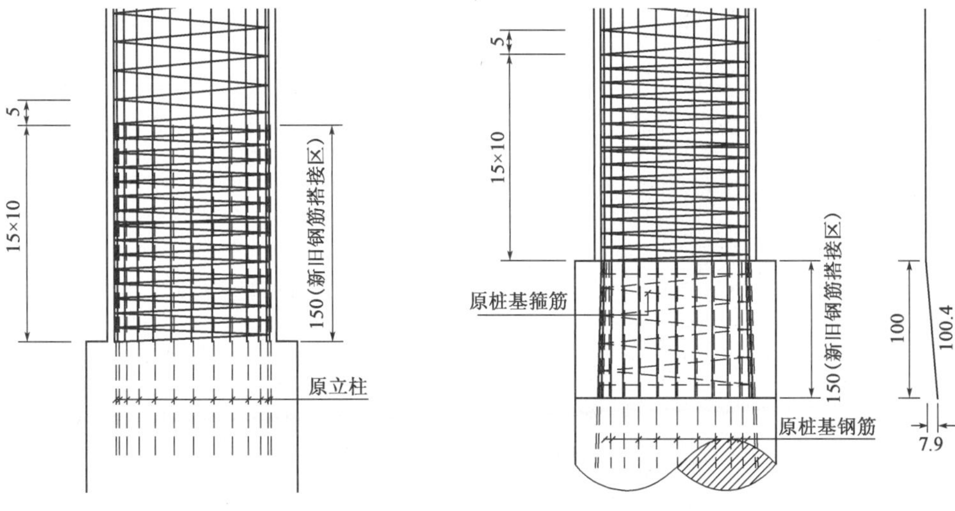

图 7-8　6－5 号立柱新旧钢筋连接示意图(尺寸单位:cm)

图 7-9　6－4 号、6－6 号立柱新旧钢筋连接示意图(尺寸单位:cm)

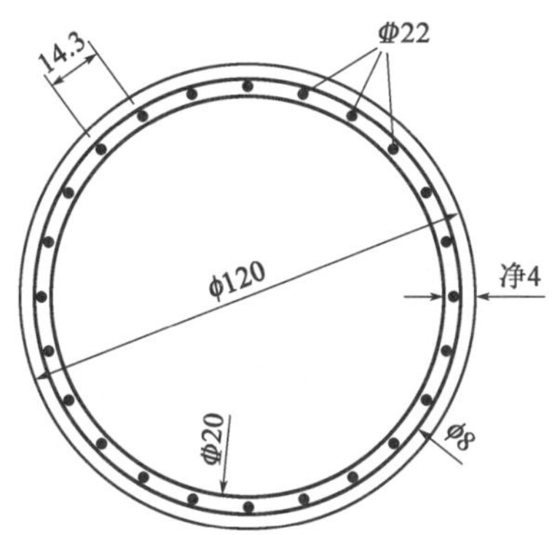

图 7-10　新立柱配筋断面图(尺寸单位:cm)

盖梁顶底板纵筋及弯起钢筋直径均为 28mm 的三级钢筋，箍筋则采用直径为 10mm 的圆钢，盖梁配筋示意图如图 7-11 所示。

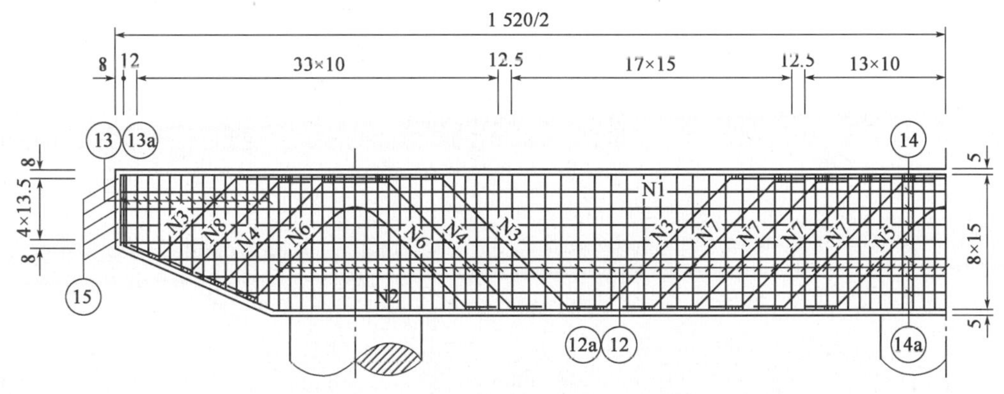

图 7-11　新盖梁配筋图(尺寸单位:cm)

7.9 体系转换方案

待新立柱及盖梁浇筑完成,达到规定强度后,应安装橡胶支座,完成体系转换,恢复桥梁的正常受力状态。

体系转换过程中重点包括以下设计施工要点:

(1)体系转换中梁体顶升及回落方案可参看梁体初始顶升方案。

(2)梁体顶升过程中,应对梁体的纵向及横桥向变形进行监控,同一截面处的相邻小箱梁的横向位移差和纵向位移差均应小于1mm。

(3)设计桥梁顶升量为0.5mm,达到设计顶升量值(0.5mm)后应停止顶升,完成支座安装。

(4)梁体回落时,为避免桥孔结构倾斜,应控制落梁速度,并注意各千斤顶工作状态是否均衡。

第8章　郑州西南绕城须水河支沟桥工程施工工艺

本章根据上述设计方案及流程，对桥梁抢修的施工工艺进行介绍，重点对施工现场临建方案、施工过程中临时支撑（包括6-6号盖梁斜撑及主梁支撑）、桥下清淤、上部结构整体抬升、盖梁及立柱的破除、新立柱及盖梁的浇筑、支座安装及体系转换等工艺特点内容进行阐述。

8.1　组织机构

本着机构精简、高效的原则，由项目经理全权负责施工现场的工程管理、施工技术、工程质量、施工进度、安全生产、机械设备保障、文明施工、环境保护、廉政建设等各项工作，并配备具有多年高速公路工程施工经验的管理及技术人员。

8.2　临建施工方案

8.2.1　施工便道

为确保须水河支沟桥1号大桥在抢修过程中各种设备物资能及时运往现场，结合实际地形条件，并和管理单位协商，共设计如下两种通行方案。

（1）本着就近原则，借用右幅封闭段高速公路的通行方案。该方案首先需对须水河支沟桥南桥台11号台右侧排水边沟进行改造处理。处理方式为台帽采用砂浆调平后铺设4cm厚钢板，而后顺坡修筑便道通往施工现场。便道长142m，宽6m，采用40cm厚土石混填修筑，表面20cm厚C30混凝土硬化，便于施工机械及材料设备进入施工现场。

（2）借助地方公路。为满足工程需要，借用三十里铺九龙寨村原有通往桥下的村镇道路，并采用铺设宽度约7m、厚10～20cm的碎石路面方式对其改造，便道总长约2km。

两种施工便道的布置示意图如图8-1所示。

8.2.2　项目经理部

经过现场勘察，结合周边环境及该工程实际情况，确定项目部选址于须水河支沟1号大桥西侧场地（该场地原为砖厂石粉堆料场，场地面积约为60m×50m），共占地面积约44m×32m。考虑该区域处于积水区，地面全部采用10cm厚C25混凝土硬化，室内配备地砖、空调等标准化办公设备。

项目部供电来源为附近工程的变压设备及一台自配 200kW 发电机。生活及施工用水来自附近村庄自来水管道,并增设一套无塔供水设备。

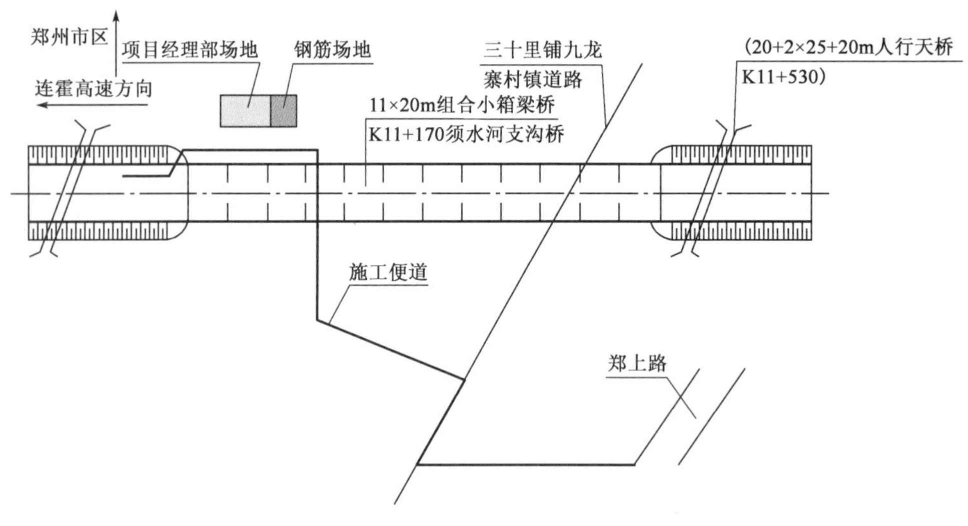

图 8-1　施工便道设置示意图

8.2.3　钢筋场及机械停放场地

钢筋场设置于项目部北侧临时场地内,占地面积约 750m²,其中钢筋制作加工区约占 100m²。由于该处原为粉煤灰堆积场,场地及其连接道路均采用 10 ~ 20cm 厚 C25 混凝土硬化处理。

8.2.4　搅拌站和试验室设置

由于项目工期紧、场地受限,经理部不再设立拌和站和工地试验室。混凝土均采用商品混凝土,材料性能试验则委托有资质的检测单位进行。

8.2.5　施工计划

因郑州西南绕城须水河支沟桥事故发生于 7 月份,紧邻国庆长假,为缓解国庆节交通压力,管理单位经与施工设计等部门协商,在保证施工安全、质量的情况下,加大对人员、设备的投入,对施工过程中重要节点进行工期编排,如图 8-2 所示。

8.2.6　安全及环保

1) 安全保障

项目经理部设立由项目经理直接领导的安全保障小组,由项目总工程师负责日常管理。层层签订安全责任书,定期或不定期进行检查,及时解决问题,制订安全规划,搞好安全教育,遵守各级政府关于安全生产的有关法规,明确自身责任和义务,消除隐患,把不安全因素消灭在萌芽状态。项目安全保证体系框架如图 8-3 所示。

施工过程中应做到无重伤以上责任事故,轻伤率控制在 2‰以下;无机械设备、行车事故;无火灾事故。

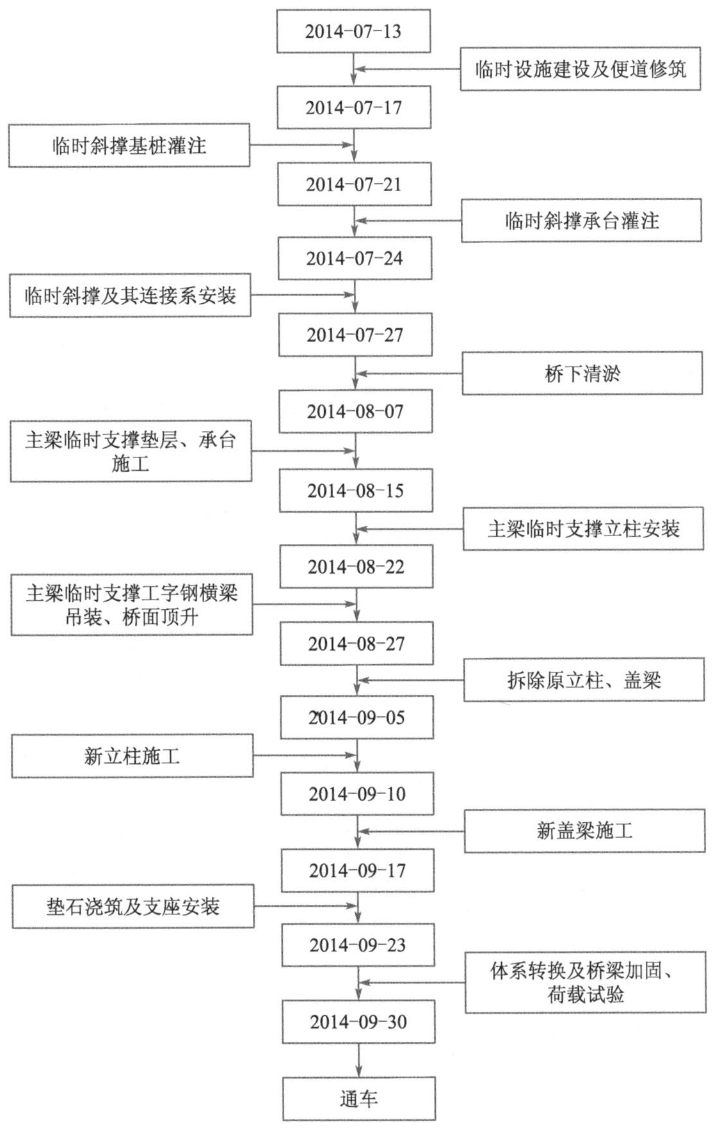

图 8-2　施工计划流程图

2)环境保护

抢修过程中,应遵循并贯彻污染预防、持续改进的原则,有效开展环保活动,工程施工期间全面规划,合理布局,采取必要的措施化害为利,使在施工期间公路沿线两侧一定范围内的社会环境受到的影响减到最低程度。重点采取以下措施:

(1)垃圾土堆卸载及运输过程中,应对运输车辆进行防护,减少大气扬尘污染和土堆散落对道路尤其是高速公路临时便道的影响。

(2)盖梁临时斜撑施工时,应做好泥浆池的防护和钻孔淤泥的处理,减少对土质的污染。

(3)桥下淤泥清理施工时,做好运输车辆的防护,并加强监管。

(4)凿除受损盖梁及立柱的废旧混凝土,就地桥下掩埋,避免对周围植被的影响。

(5)做好项目经理部和钢筋加工场地生活污水和生活垃圾的处理。

(6)尽量减少夜间施工噪声的污染。

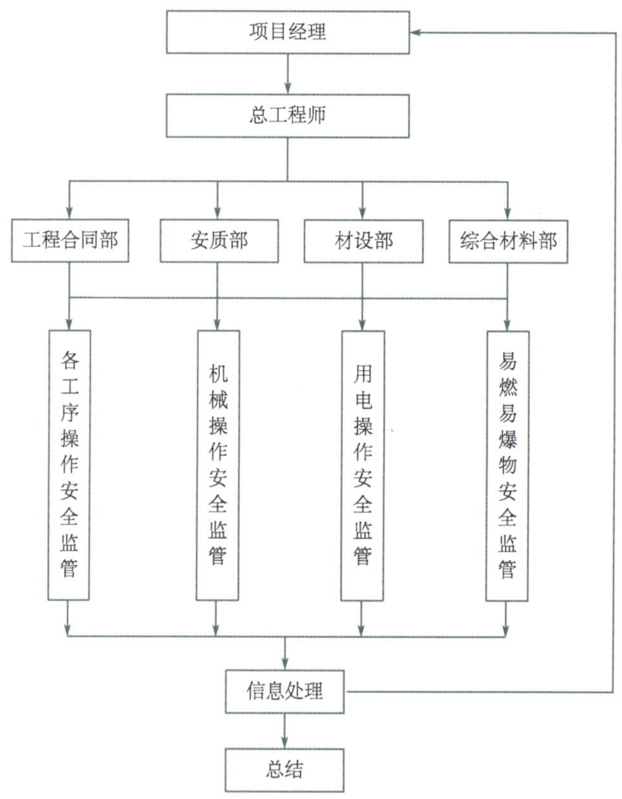

图 8-3　安全保障体系框图

8.3 抢修施工工艺

图 8-4　现场卸载

8.3.1　卸载方案

根据设计要求,施工第一步即进行了现场土堆卸载(图 8-4)。根据现场要求,卸载过程应做到以下几点:

(1)开挖前做好坡顶的截水沟,密切关注天气变化,保持截水沟的通畅,且排泄水不会对 6 号墩范围的凿除造成影响。

(2)开挖前在 6-6 号立柱附近设置围挡,同时设立一道 100cm 高的拦渣墙,防止滚石伤人伤物和对下方构筑物造成破坏。

(3)开挖期间,均采用中小型削坡,从西侧安全距离之外开始,及时开挖,及时清运,减少受损桥墩附近不均匀受力的影响。

(4)开挖断面施工从上到下分台阶逐级施工,禁止采用掏根法挖土,以免产生滑坡,造成危险。

(5)每次开挖完毕,需对坡面松动的围岩进行人工清理。

8.3.2 盖梁临时斜撑施工

因右幅桥梁6-6号立柱已横向折断,盖梁在该侧处于悬臂状态。为保证桥下施工的安全,桥下施工前需对盖梁悬臂部分进行临时支撑。根据设计方案,临时斜撑通过新增加临时支撑基桩、基桩、承台和钢斜撑来实现。

1)施工难度分析

虽然前期进行了卸载工作,但施工场地非常有限,且盖梁临时斜撑及其桩基、承台施工需要不同类型的机械,经分析采用1台TR360D旋挖钻(桩位处淤泥层和卵石层交替并存,卵石层为7~11m,质地硬)、2台装载机和3台自卸车辆进行流水作业,并配有专人指挥。

鉴于桥梁下部结构的破坏程度,施工过程中应做到边施工,边监测,充分掌握盖梁的稳定程度。

2)基桩施工

(1)泥浆池设置

泥浆池采用挖掘机开挖,人工整修(图8-5),挖出土方用于钻机平台整平及便道填筑。根据工程实际情况,分别设置沉淀池和净浆池,泥浆池的大小根据基桩出渣量及泥浆量来布置。

(2)泥浆调制

泥浆池中首批泥浆使用膨润土加纯碱造浆,泥浆比重达到1.15。钻孔过程中泥浆重度应根据地质情况调整,达到规范要求。

(3)钻机就位

钻机工作场地人工夯实后铺设钢板,确保钻机工作时的稳定性,钻机就位后其用于吊装钻头的钢丝绳中心应与桩中心保持一致(图8-6)。

图8-5 泥浆池

图8-6 钻机准备

(4)埋设护筒

由于该场地建筑垃圾层厚约4m,淤泥层厚约2m,为避免在钻孔及基桩灌注过程中出现塌孔,钻孔前埋设钢护筒至稳定土层。另外,由于桥下淤泥埋深较深,在清淤过程中会造成临时斜撑基桩的外露,承台悬空,为增强基桩的支撑能力,故钢护筒不再拔除。图8-7为抢修埋设的基桩钢护筒。

(5)钻进

成孔后提起钻头停2h,清钻渣。泥浆池中泥浆重度达到1.15以上时,开始钻进,初钻时应减压低行程慢速钻进,以防钻头偏位。在钻进过程中,应时刻关注桩位处的地层地质变化,根据土层情况交替换钻头。钻进施工如图8-8所示。

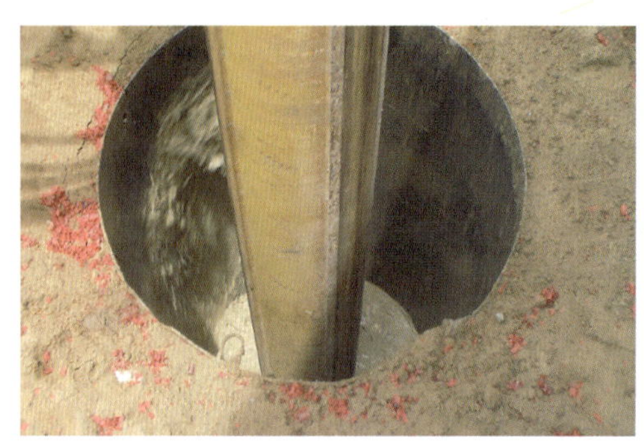

图8-7 基桩钢护筒

图8-8 基桩钻孔

(6)清孔

采用泵吸反循环清孔。清孔时要保持孔内泥浆的高度,防止出现由于清孔而引起的塌孔。清孔后应对泥浆指标进行检查,泥浆的指标应满足规范要求。灌注水下混凝土之前,应检测沉淀厚度,若超出规定,应进行二次清孔。砂层地质情况下,用气举反循环法清孔时,不得用加深孔底深度的方法代替清孔。自制的检孔器要求结实且不易变形,检孔器的外径为钻孔桩钢筋笼直径加100mm(不得大于钻头直径),长度为外径的4~6倍,用检孔器测量孔径、倾斜度等。

(7)基桩钢筋笼的制作与安装

应做好对钢筋间距和焊接情况的检查,保证钢筋笼的整体性。

(8)水下混凝土灌注

导管是灌注水下混凝土的重要工具。导管在使用前和使用一个时期后,应对其规格、质量和拼接结构进行认真的检查,合格后方能使用。图8-9为抢修时夜间灌注基桩混凝土。

3)承台施工

(1)基坑开挖。基坑开挖时设置不小于1:0.5的边坡,基坑底部尺寸比基桩外边线宽1m,以便于安装固定模板。开挖完成后应将基坑底面清理干净并整平,然后用砂浆硬化2~3cm。

(2)凿除桩头并经监理工程师验收后浇垫层砂浆,绑扎钢筋,安装模板。

(3)钢筋的下料和制作在钢筋加工场内进行,运至现场绑扎成型,如图8-10所示。需要说明的是,因工期要求,需在基桩混凝土硬化期间进行承台钢筋绑扎,因此预留基桩检测的声测管贯通至承台顶面。

图 8-9　夜间灌注基桩混凝土

图 8-10　临时斜撑承台钢筋绑扎

（4）承台模板采用全新组合钢模拼装，吊车安装、拆除，采取外侧周边支撑方式。

（5）混凝土浇筑采用溜槽结合吊斗方式，分层浇筑，层厚控制在45cm以内（图8-11）。浇筑过程中设专人随时检查钢筋和模板的稳固性，发现问题及时处理。混凝土浇筑到顶初凝后，立即进行洒水覆盖养护，达规定强度后拆除模板。

4）临时斜撑施工

根据设计方案，临时斜撑部分由竖向钢管立柱、斜向钢管柱及其连接系组成，具体的施工过程如下。

（1）施工放样

临时支撑钢管柱放样采用全站仪定位，精确定位后应及时做好标记。由于使用的是临时独立坐标系，故高程需使用测距仪进行复测，确定临时钢管长度。

（2）预埋钢板施工

预埋件施工前，应首先了解其形式、位置和数量，然后按标准要求制作并固定预埋件。

（3）钢管柱施工

钢管柱采用16mm厚ϕ630mm无缝钢管。钢管立柱位置确定后，四周采用角铁焊接固定。为方便斜撑钢管对中就位，在钢管同一侧两端焊接耳形钢筋同时起吊，待与盖梁斜面垂直，与预埋钢板对中后进行焊机固定（图8-12）。

图 8-11　临时斜撑承台混凝土浇筑

图 8-12　斜撑钢管柱安装

（4）钢管内灌砂注水

为保证钢管抗压能力和稳定性，柱顶钢板预留20cm工作孔，从工作孔内边灌砂，边注水,直至灌满且砂密实,灌满后用电焊将工作孔封住。

(5)钢柱连接系施工

钢管柱连接系主要包括横向槽钢、纵向槽钢、柱间钢斜撑。连接系焊缝等级采用二级焊缝。

8.3.3 桥下清淤

由于该桥处于凹曲线最低点,桥下积聚大量的淤泥,在进行下一步施工前,须先清除桥下淤泥,且为保证桥下施工安全,桥下清淤应在临时斜撑安装完成后进行。

1)清淤方案

桥下清淤具体的施工内容及流程如下:

(1)用污水泵将污水排放至第7号孔南侧附近水塘内。

(2)设置清淤便道(图8-13);当水坑表面没有积水时,用挖掘机将淤泥挖出(由于淤泥流动性较大,需边挖边回填土掺拌),同时做好淤泥的堆放工作。

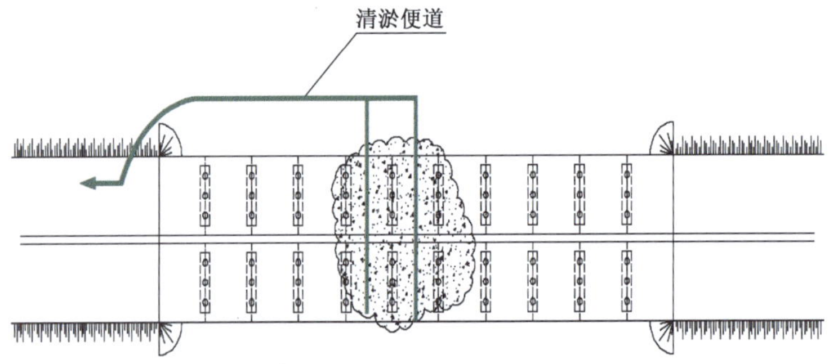

图8-13 清淤便道示意

图8-14 桥下双线清淤

(3)根据现场情况,为加快进度,采用两线同时开挖的清淤方式(图8-14)。

(4)淤泥深度约7m,且流动性较大,故采用逐层换填清淤的方法推进(清淤便道边开挖边向前修筑,同时不断用土掺拌后才能清理装车)。

(5)挖掘机反复推进直至挖到桩基系梁底面下1m,并根据现场情况确定是否进一步开挖(如现场发现以下土层还是淤泥,应继续开挖直至硬质地面)。

(6)桥下及桩基系梁处淤泥清理完成后,应迅速进行基础换填施工。

2)清淤过程排水方案

抢修加固时期适逢雨季,6号墩淤泥土开挖过程中,应在设计上部结构临时支撑承台的四周设置盲沟排水(板砖砌筑,水泥砂浆抹面,碎石铺筑厚度30~100cm,引水纵坡),确保6号墩两侧底部不积水,避免对正常施工造成影响。

8.3.4 主梁临时支撑施工

1）施工难度分析

上部结构临时钢立柱支撑主要包括钢立柱扩大基础、钢立柱、横向联系、工字钢、千斤顶及钢垫板。施工过程存在的最大困难是桥下空间有限，立柱及横向工字钢吊装困难。

另外，该区域地势较低，淤泥清理完后更易存水，施工过程中应做好防水和排水工作。

2）实施流程

临时钢立柱支撑体系的具体施工流程如下：

（1）在目前开挖基坑全部范围内满铺90cm厚碎石垫层，用挖掘机配合人工，分三层压实。

（2）在碎石垫层上浇筑20cm厚C30混凝土垫层。

（3）在垫层上进行钢筋混凝土扩大基础施工。

（4）在扩大基础上安装钢管立柱，钢立柱采用14mm厚ϕ630mm的无缝钢管，并在立柱中间高度设置水平支撑连接系。

（5）在立柱顶设置柱顶卡板，吊装支撑横梁，横梁采用63C工字钢，两根并置焊接，材质为Q345钢。

（6）工字钢顶面与梁底之间采用钢板结合千斤顶支撑，支撑高度可根据现场情况调整。

3）承台施工

（1）铺设碎石垫层（图8-15）。共分三层铺设，每层厚30cm，每层压实标准为垫层表面没有松动碎石；压实完成后进行垫层的高程测量，确保系梁两侧垫层在同一高度。

（2）在碎石垫层上浇筑20cm厚的C30混凝土垫层。

（3）承台模板制作。

（4）测量放样。

（5）钢筋制作、安装。承台钢筋骨架采用车间加工、现场绑扎（焊接）的方法（图8-16）。务必注意在配置第一层需要搭接的钢筋时，应使其有不同的长度，以满足同一断面钢筋接头的有关规定。要注意承台顶部预埋件位置的准确性。

图8-15　铺设碎石垫层

图8-16　主梁临时支撑承台钢筋绑扎

(6)立模。桥下模板安装采用吊车吊装,模板安装完成后在接缝处涂抹一层玻璃胶,防止漏浆。

(7)混凝土浇筑。混凝土浇筑采用分层浇筑法进行。因桥下空间有限,混凝土采用自制导流槽运送,随着浇筑位置的不同,人工移动导流槽的位置。图 8-17 为夜间浇筑临时支撑承台混凝土。

(8)混凝土养生。承台混凝土浇筑完成后,采用土工布覆盖,并定期洒水,做好混凝土养生工作。

4)钢立柱施工

(1)施工放样。

(2)钢立柱施工。设计钢立柱高度为 11.116m,为在有限的桥下空间保证钢管柱顺利起吊,在钢管高度中心处设置吊孔,用两台 25t 吊车同时起吊,立柱吊装就位后四周采用角铁焊接固定。图 8-18 为钢立柱的吊装现场。

图 8-17 主梁临时支撑承台混凝土浇筑

图 8-18 钢立柱吊装

(3)钢管内灌砂注水。为保证钢管抗压能力和稳定性,钢管吊装完成后进行灌砂注水。吊装完毕后在钢管柱柱顶预留 10cm 工作孔,从工作孔内边灌砂边注水直至顶面,注意检查密实性。灌砂注水完毕后将工作孔用混凝土进行抹平封死以保证钢管柱的整体性。

(4)钢柱连接系施工(图 8-19)。钢管柱连接系主要包括横向槽钢、纵向槽钢、柱间钢斜撑,连接系焊缝等级为二级焊缝。

5)搭设支架平台

为了保证后续工字钢横梁和千斤顶的安装及拆除工作的顺利开展,在保证安全性的前提下,在钢立柱吊装的同时,搭设临时支架(图 8-20),搭设高度至原桥盖梁底面位置,并铺设人工通道。

6)工字钢吊装

考虑工程的特殊性及抢修特点,临时支撑工字钢横梁采用桥下吊装,长度要大于单幅桥梁的横向宽度,采用两台 25t 吊车(一个在桥梁西侧,一个在中央分隔带处)同时起吊,确保工字钢平稳上升(图 8-21)。

图 8-19 钢立柱横向连接系安装焊接

图 8-20 同步搭设临时工作平台

7)千斤顶安装

根据设计方案要求,因主梁顶升位置无横隔板,且小箱梁无实心段,每个小箱梁布置两个千斤顶,分别位于腹板底板交界处。安装前先将千斤顶吊装至脚手架工作平台,而后人工抬至工字钢顶面,且在安装施工过程中重点注意以下方面。

(1)千斤顶安装

千斤顶安装时应保证千斤顶的轴线垂直,避免因千斤顶安装倾斜在顶升过程中产生水平分力。千斤顶的上下均设置钢垫板以分散集中力,保证结构不受损坏。

(2)千斤顶调平及对中

由于一侧立柱折断,该侧梁体挠度较大,因而小箱梁横向有一定的扭转现象,箱梁底面并不处于水平状态。此时千斤顶与梁体接触位置会偏离支撑中心,因此需要增加楔形块调平千斤顶。图 8-22 为现场千顶安装及检查。

图 8-21 工字钢横梁吊装

图 8-22 现场千斤顶安装及检查

8.3.5 主梁顶升施工

本工程顶升采用方案二,即整体顶升工艺。为保证施工的安全性并对顶升高度精确控制,应重点做好顶升过程中的施工监控工作。

8.3.6 旧墩凿除

1) 拆除难度分析

根据设计方案，待上部结构顶升至设计高度后（脱离支座0.5cm），拆除损坏盖梁和立柱。针对本拆除工作，重点存在以下两个方面的问题。

(1) 安全性

原折断立柱已经完全丧失承载能力，仅靠盖梁和盖梁临时斜撑来保证整体的稳定性，盖梁拆除后如何保证立柱的安全性是施工考虑的重点问题。

(2) 施工空间狭窄

图 8-23 立柱抱箍安装

相对于前述淤泥清除、立柱安装等施工，盖梁及立柱拆除可操作的施工空间更加狭窄，拆除混凝土及钢筋的运送难度也会很大。

2) 凿除施工

(1) 由于立柱中间被剪断，拆除盖梁后立柱会在剪断部位折断掉下，故需在每个立柱上平均安装3个抱箍（图8-23），抱箍上安装槽钢，每个立柱抱箍之间用槽钢进行横向连接和斜向连接，如图8-24所示。

(2) 6台空压机同时工作，人工凿除盖梁，如图8-25所示。

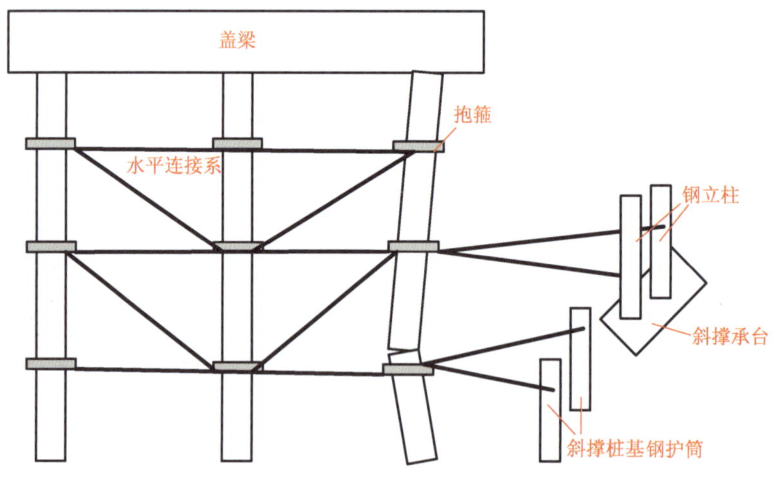

图 8-24 立柱横向连接示意图

(3) 凿除立柱时遇到抱箍将抱箍拆掉（图8-26），继续凿除并降低脚手架高度。依次类推直至拆除完毕。

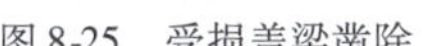
图 8-25　受损盖梁凿除

图 8-26　受损立柱凿除

8.3.7　新立柱和盖梁施工

1）受损系梁浇筑

清淤完成后检测发现，系梁在桩基连接处存在多处开裂现象，且被剪断立柱的钢筋也损坏严重，为了保证立柱钢筋和桩基既有钢筋的连接，在前述凿除施工时将系梁与立柱位置向下凿除 1m，更换受损钢筋，错开搭接，并提前浇筑完成（图 8-27）。

2）立柱施工

（1）立柱模板制作：

①立柱模板采用加工钢模（共三套，每套由 1 节 1m 高和 7 节 1.5m 高的钢模板拼装而成），成品交付时，应按加工图检验验收，并抽样进行试拼装。

②模板板面之间应平整，接缝严密，不漏浆。

③模板应做到结构简单，受力合理，满足强度、刚度及稳定性要求，且考虑装拆时方便。

（2）测量放样。

（3）钢筋制作、安装。一般情况下，9m 以下的立柱施工时，立柱钢筋笼应采用整体吊装。由于桥梁抢修的特殊性，立柱采用通长钢筋（长 12m），人工运至现场绑扎。

（4）立模。倒链吊起模板后，人工横向移动，并将模板的内表面边缘对准测量标记点，上螺栓时要交叉进行，分二次拧紧，同时检查纵横向稳定性（图 8-28）。

图 8-27　桩基原有系梁修复

图 8-28　立柱模板安装

（5）混凝土浇筑。混凝土浇筑采用分层浇筑法进行。由于桥下净空过低，故需采用混凝土泵输送混凝土。浇筑时人工下至立柱模板内振捣混凝土，且随着混凝土高度的抬升逐渐上升(图8-29)。

3)盖梁施工

(1)立柱抱箍安装。因桥下空间无法搭设盖梁施工支架,桥墩盖梁在立柱模板拆除后进行,采用无支架抱箍法施工工艺。抱箍尺寸与前述凿除施工时立柱抱箍尺寸相同,抱箍内侧增加土工布,增加摩阻力,抱箍安装后在其顶面放置钢砂桶,并假设工字钢横梁作为盖梁模板的支撑面。

(2)盖梁模板制作。盖梁侧模板采用1.3m×1m的钢模拼装,底板采用竹胶板铺设。

(3)测量放样。

(4)钢筋制作、安装。盖梁钢筋骨架考虑采用车间加工,从盖梁的侧板逐根人工抬入后现场绑扎(焊接)的方法。直径25mm以上的用套丝进行连接。务必注意在配置第一层需要搭接的钢筋时,应使其有不同的长度,以满足同一断面钢筋接头的有关规定。

(5)立模。立模顺序为:底模→侧模→端模。立模前要涂刷好模板油(隔离剂)。

(6)混凝土浇筑。盖梁混凝土的浇筑方式同立柱。

(7)混凝土养生。盖梁侧面模板拆除后覆盖土工布,并从顶部洒水养生。

4)支座垫石浇筑

如图8-30所示,盖梁顶面距箱梁底面距离仅有约40cm,操作空间狭小。待垫石模板安装完成后,将拌和混凝土运至盖梁顶面后人工放至垫石模板内并调平。

图8-29　新立柱混凝土浇筑

图8-30　支座垫石混凝土浇筑

5)支座安装

待支座垫石达到设计强度,拆除模板后,安装桥梁支座。钢垫板的安装人工完成,必须做到施工细致,支座应按照设计支撑中心线准确定位。梁底钢板与支座垫石(或钢板)顶面尽可能保持平行或平整,上表面全部密贴,避免落梁后出现支座偏心受压、不均匀支撑及脱空的情况。

8.3.8　体系转换及临时支撑拆除

1)体系转换

待支座安装及调平完成后,千斤顶回油,梁体落至支座,完成体系转换。其中,千斤顶下落采用和顶升相同的施工方案，即整体下落，并控制下落速度，直至千斤顶与梁体脱空。同时，施工过程中应做好监控工作，且在体系转换完成后检查梁体与支座的接触情况。

2）临时支撑拆除

体系转换完成后，按顺序逐个拆除桥下临时支撑。本项目采用安装的逆顺序进行，即移除梁底临时钢垫板及千斤顶，吊装工字钢横梁，拆除钢立柱（按顺序从一侧人工切割），拆除盖梁底模板、工字钢及立柱抱箍，拆除盖梁斜撑，最后清理现场。具体的施工流程如图 8-31 所示。

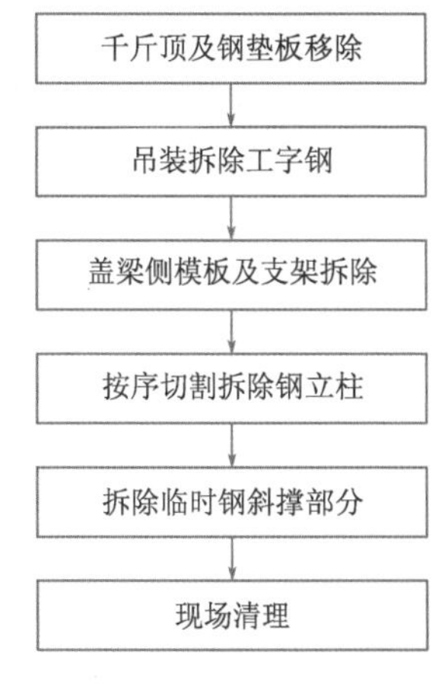

图 8-31　临时支撑拆除顺序

8.4 安全保障方案

为保障抢修工作的顺利进行，在不同施工阶段应做好相应的安全保障工作。

8.4.1　清淤工程安全保障方案

（1）清淤过程中安排 4 名专职安全员并配备口哨，观测机械的作业范围，严格控制机械与临时支撑及桥梁原有立柱、承台的距离；如距离太近以鸣哨阻止，确保机械与结构的安全距离；并观测检测设备对桥梁检测的数据，如有突发情况及时提醒操作人员，以确保人身安全。

（2）在清淤过程中建议对桥梁的位移监测时间间隔尽量缩短；施工单位派遣专职人员与监测单位紧密联系，时刻掌握梁体的最新动态。

（3）在临时斜撑及盖梁接触面安装应力应变片，时刻观察应力变化；发现不利情况，及时停止清淤。

（4）机械操作人员严格按照每 4 个小时一换班的制度进行，确保操作人员的精力及注意力，以防操作员因疲劳产生突发情况。

（5）在运输淤泥的过程中，运输车的装土量不得超过其运输车的边框，并用帆布加以覆盖，以避免在运输过程中淤泥洒出污染路面。

（6）做好雨季的防范措施，设置临时截水沟及挡水埝（须水河西侧垃圾坡顶向西 3m 左右设置截水沟，东侧设立临时排水沟）；专职安全员时刻关注天气状况，及时通知；预备自吸式泵车 5 ~ 10 辆，遇到连续降雨的情况，及时抽排（须水河 0 号台向北 1km 多的左右幅排水均流向 5 号墩，汇水量大）。

（7）运输淤泥便道较窄并且坡陡，安排专人调度运输车辆，避免在运输过程中在半坡会车。

（8）由于弃淤场上空有高压线，应安排专人监控自卸车兜上升高度，避免车辆与高压线碰触，并且禁止车辆在车兜上升或下降的过程中移动。

（9）成立应急预案小组，并制订详细的应急措施。

8.4.2 抢修加固工程安全保障方案

(1)结构粘贴面的处理必须按照有关规范进行,以保证黏结效果。黏结剂的配置必须满足有关规范规定的技术要求。

(2)桥梁加固施工中、施工结束后,加强监测,如发现有新的裂缝及结构损伤,应及时请设计单位分析原因,提出改进措施。

(3)配合设计单位、检测单位做好监测工作,项目部测量组进行加密监测,并保留相关资料。必要时提交设计单位和检测单位。如观测结果有误差,则应请示设计单位和检测单位重新观测,查明原因提出处理方案。

(4)在施工过程中要随时密切关注桥梁各部位可能出现的新变化、新情况,如发现桥梁结构有异常现象发生要及时通知建设单位、设计单位等有关单位,以确保桥梁结构处于安全可靠状态。

(5)在施工过程中,除了注意桥上行驶车辆及行人的安全外,还要特别注意桥下人员的安全。对桥下通道封锁后,对误闯入的群众立即进行劝离。

(6)所有参加施工的项目管理人员、施工作业人员全部经安全技术操作培训后方可进入现场进行施工,并按规定佩戴安全帽。特殊工种必须持有操作证才能上岗作业,严禁无证上岗作业。各工序施工前均应由项目部进行交底后方可进行施工作业。

(7)施工使用的工具应定期检查,特别是排架上部的工具应存放规整,以防因滑脱、打滑等意外造成伤人、伤己事故。

(8)全体参建人员在夏季高温天气施工需做好防暑降温工作,防止高温中暑。

(9)项目部计划在施工现场放置绿豆水、人丹、菊花茶、风油精等防暑用品。

(10)梁体电焊工作时,应清除黏结剂等化学易燃、易爆物品,防止电火花引起火灾事故。

(11)考虑不确定因素较多,项目部建立大桥监控工作组,由项目部测量组对大桥施工前、中、后进行全过程加密监控,以确保桥梁处于安全受控状态。

(12)施工现场作业人员必须穿戴好安全带、安全帽、防滑鞋等安全防护用具;安全员及施工负责人应在施工前进行施工人员劳保用品穿戴检查。设置必要的安全防护栏和安全防护网。

(13)钢筋切割机必须有防护罩,使用前先检查轮片是否完好,操作人员要戴好防护镜,防止轮片或碎渣飞起伤人。

(14)严禁工人下积水池中洗澡,因桥下积水属多年积蓄而成,污染严重,下部淤泥较多,存在多种不安全因素。

(15)施工现场用电一律架空,防止漏电引发安全事故。

(16)施工过程中发现实际情况与设计不相符时及时与设计单位取得联系。

第9章 郑州西南绕城须水河支沟桥应急抢修施工监控

为确保大桥在抢修过程中各项参数的可控、可知及施工安全，施工过程的安全监控工作十分必要。本章重点对抢修过程中桥梁的监控方案及关键工况下的监控结果进行介绍，从而对抢修加固效果作出评价。

9.1 监控方案设计

9.1.1 监控内容

根据抢修的实际情况，研究确定桥梁抢修过程中监控的主要内容为：

（1）桥梁西侧建筑垃圾和填土卸载期间对6号墩柱、盖梁和上部主梁进行变形监测。

（2）西侧临时斜撑、桩基和承台施工期间对6号墩柱、盖梁和上部主梁进行变形监测。

（3）西侧临时斜撑安装完成后，桥下清淤和换填期间对6号墩柱、盖梁和上部主梁进行变形监测；对临时斜撑进行变形监测和应力监测。

（4）桥下临时支撑扩大基础、临时钢立柱施工安装期间对6号墩柱、盖梁和上部主梁进行变形监测；对临时斜撑进行变形监测和应力监测。

（5）桥梁试顶升和顶升完成后对临时支撑进行沉降和应力观测，对扩大基础进行沉降观测，桥墩及盖梁拆除并重新浇筑施工期间，对临时支撑进行沉降和应力观测。

通过对抢修工程进行变形和应力监测，为桥梁抢修施工提供及时准确的信息化数据，以确保施工安全和桥梁结构安全。

9.1.2 测点布置

结合抢修特点，本项目重点是监控6号墩处盖梁、立柱及上部结构的水平和竖向变形情况。变形监测重点布设在6号墩柱和盖梁，并在上部主梁（边梁）腹板和横隔板上布设测点，以监测结构的变形发展情况。共计布设5个变形监测点。

9.1.3 监控方法

1）垂直位移监测

结构垂直位移主要采用“桥梁挠度位移激光实时监测分析系统”（以下简称“激光挠

图 9-1　接收激光的专业装置

度系统")和精密水准仪进行观测。激光挠度系统通过用激光幕接收镭射光线,然后用镭射传感器接收到其位置信息(图 9-1),计算出测点位移。激光挠度系统操作界面如图 9-2 所示。精密水准观测采用莱卡 DNA03 高精度电子水准仪配合铟钢尺,其主要测量技术特点有:

(1)精度高,每公里往返中误差点 ±0.3mm。

(2)采用电子跟踪的磁阻尼摆补偿器,不仅自动安平迅速,而且补偿精度高。

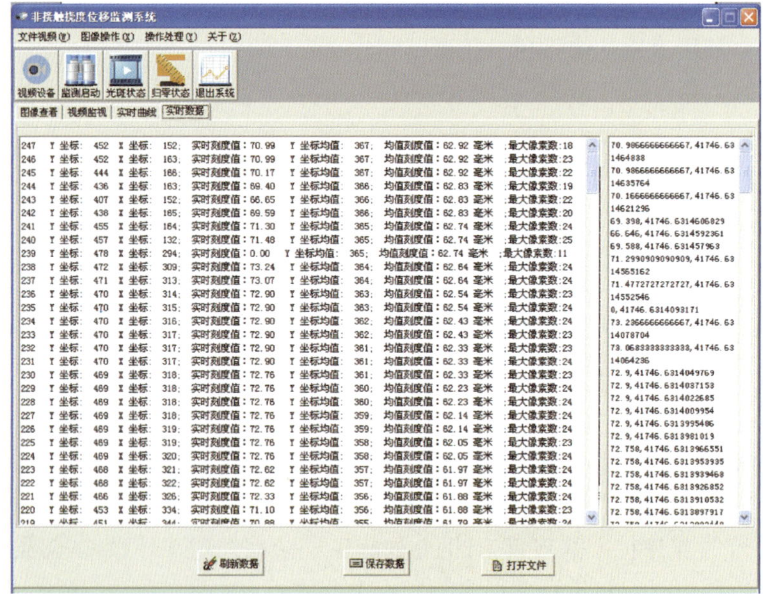

图 9-2　系统操作界面

本项目使用的徕卡 DNA03 电子水准仪如图 9-3 所示。

抢修监控中垂直位移监测采用独立的高程系统。高程基准点布设完成后,对高程基准网经过多次复测,确认高程基准点处于稳定状态后使用。

2)水平位移监测

水平位移采用高精度全站仪进行观测,水平位移监测基准网采用独立坐标系统,并进行一次布网。测量仪器采用高精度的徕卡 TS30 全站仪。徕卡 TS30 全站仪的测角精度为 0.5",测距精度为 0.6mm + 1ppm,高精度仪器为精密测量提供了技术保障。本项目使用的徕卡 TS30 全站仪如图 9-4 所示。

水平位移监测基准网采用导线测量,其主要技术要求应满足《工程测量规范》(GB 50026—2007)的技术要求。根据测点的分布情况,采用后方交会法进行水平位移监测。

3)变形监测精度

该项目桥梁为大型桥梁,桥梁抢修施工过程中结构周边环境不断发生变化,环境复杂,结构变形比较敏感。根据《工程测量规范》(GB 50026—2007),对于本项目变形测量按二等执行,其精度应符合表9-1的要求。

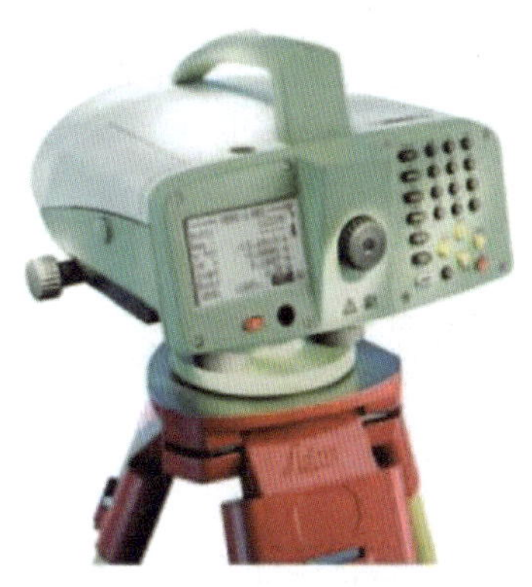

图9-3　徕卡DNA03电子水准仪

图9-4　徕卡TS30全站仪

变形监测的等级及精度　　表9-1

变形测量等级	垂直位移监测(mm)		水平位移监测(mm)
	观测点的高程误差	相邻观测点的高差中误差	观测点的点位中误差
二等	±0.5	±0.3	±3.0

4)应力监测

目前,直接测量混凝土应力的传感器非常少,且大部分只能测压应力而不能测拉应力,不方便应用,而应变传感器则种类繁多,能较好地适应各种规模的测量,其中常用的应变传感器有电阻式、钢弦式及光纤式传感器等,如图9-5和图9-6所示。本项目选用性能稳定的表贴式智能振弦应变计,并配合相应的数据采集器。

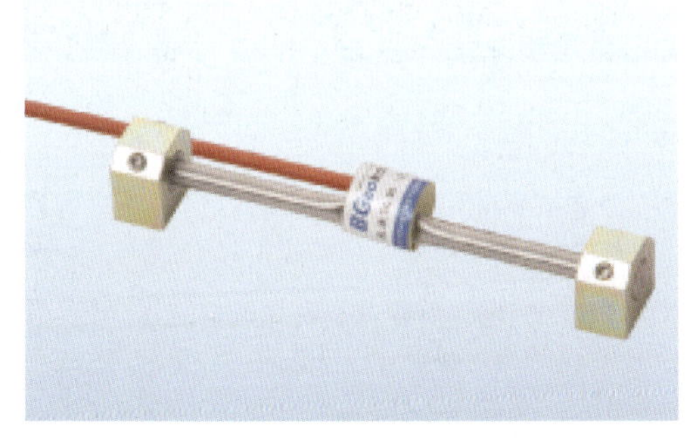

图9-5　表贴式智能振弦应变计

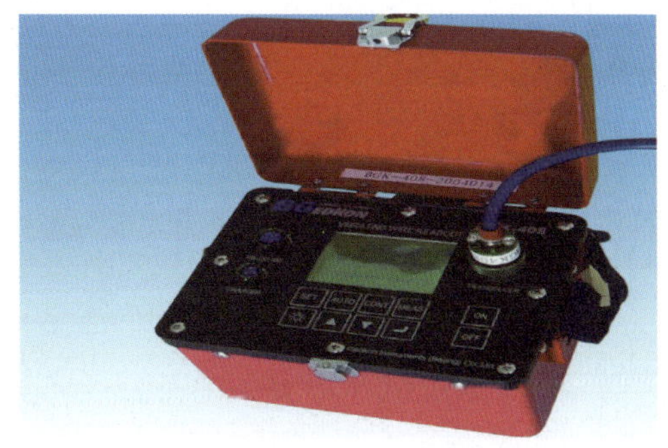

图9-6　BGK-408振弦式读数仪

为保障传感器在施工和运营期间正常工作和测试工作的顺利进行,在传感器布设和测试时应注意以下几点:

(1)对传感器进行标定,完成初始检验。

(2)传感器的预埋与安装结合工程实际进度,预埋传感器时监控技术人员须进行现场监督和把关,保证传感器埋设位置的准确性。

(3)引出导线都应编号并采取保护措施,以利于保护导线和仪器。

(4)测读结果及时汇总,以便掌握与分析当前应力状况,确保施工安全。

9.1.4 监测期和监测频率

结构的变形监测贯穿于抢修施工的全过程，自 2014 年 7 月 13 日开始至 2014 年 9 月 22 日施工完成。变形监测实时反映了施工期间结构的变形趋势和变形量，为施工提供了信息化数据，保证了施工安全和桥梁结构安全。根据施工阶段和各阶段工作内容，共划分为 5 个变形监测工况，详见表 9-2。

监测工况的划分　　表 9-2

工　况	工况描述
工况 1	卸载期间变形监测
工况 2	临时斜撑施工期间变形监测
工况 3	桥下清淤期间变形监测
工况 4	桥下主梁临时支撑施工期间变形监测
工况 5	桥梁顶升期间变形监测

桥梁 6 号柱断裂倾斜，临时支撑安装前，桥梁处于较危险状态，施工期间每 2 ~ 3h 进行一次观测，当靠近 6 号墩施工时加密观测频率，每 20 ~ 30min 进行一次观测。桥梁临时支撑顶升托换完成后 24h 内每 2 ~ 3h 进行一次观测，临时支撑及基础沉降稳定后每天进行 2 ~ 3 次观测，直至桥梁抢修完成。

9.1.5 监测报警与应急措施

本项目监测报警主要由监测项目变化速率控制，首要任务是监测现场施工过程中结构的变形情况，及时发现存在的危险情况，以保证现场相关人员的安全。本项目监测报警按黄色、橙色和红色三级警戒状态进行管理和应对，具体如表 9-3 所示。

监测预警与应对措施　　表 9-3

预警级别	预警状态描述	采取的应对措施
黄色监测预警	测点变形速率小于 5mm/2h	加密观测频率，实时跟踪结构变形情况
橙色监测预警	测点变形速率大于 5mm/2h	立即通知现场人员撤离至安全地带，后续观测 2h 后，根据情况确定是否进一步施工
红色监测预警	测点变形速率大于 8mm/h	立即通知现场人员撤离至安全地带，后续观测 5h 后，根据情况确定是否进一步施工

9.2 监控结果分析

9.2.1 工况 1 – 卸载期间监测

1) 监测期施工内容

该监测期内的主要施工内容为桥梁西侧建筑垃圾和填土的清运与卸载，施工时间为

2014 年 7 月 13 日 ~2014 年 7 月 18 日。图 9-7 为卸载前桥梁 6 号墩周边情况示意图，图 9-8为卸载完成后桥梁 6 号墩周边情况示意图。

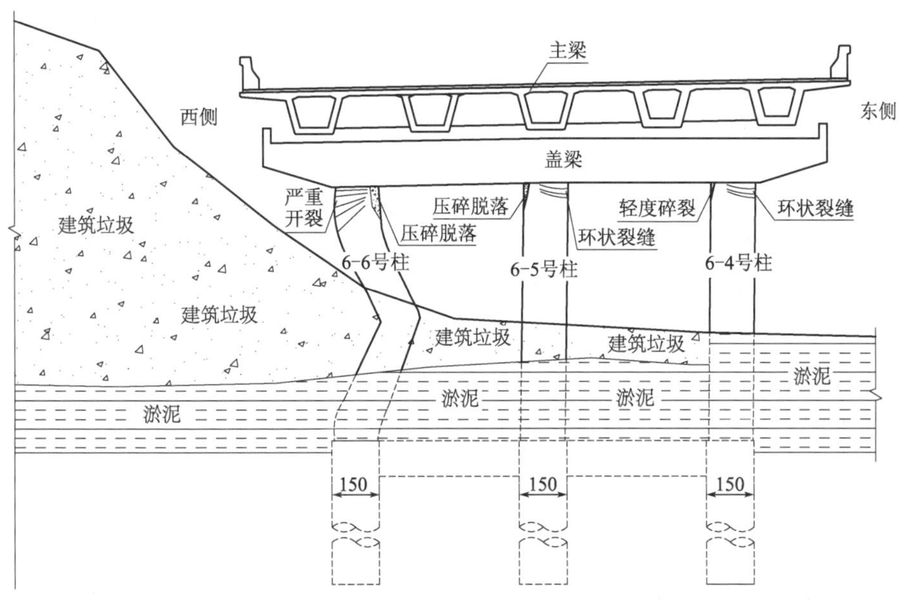

图 9-7　卸载前 6 号墩周边情况示意图(尺寸单位:cm)

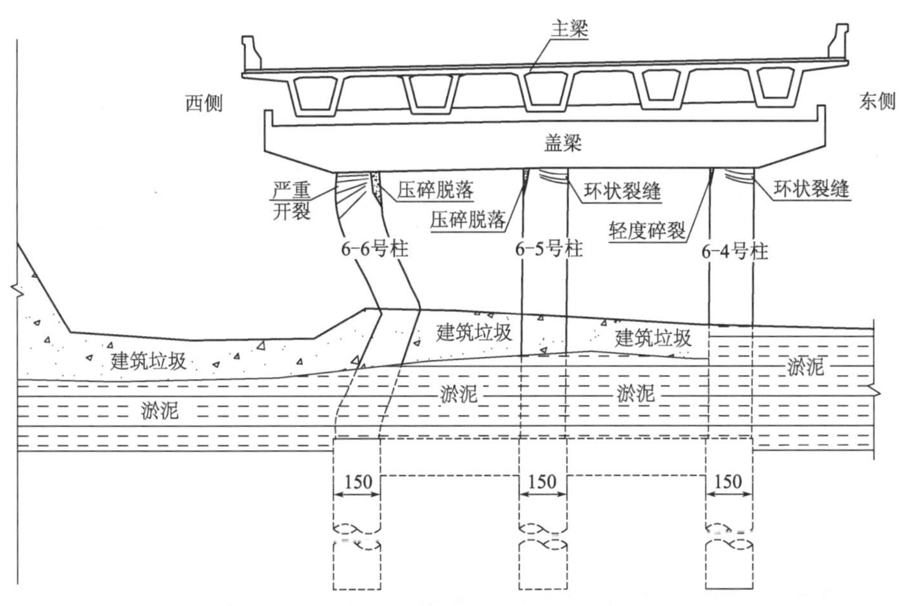

图 9-8　卸载后 6 号墩周边情况示意图(尺寸单位:cm)

2)监测基准网与测点

位移监测基准网采用独立坐标系统,并进行一次布网。位移监测采用多点后方交会进行测量,保证测量数据的精度。测量系统布设 4 个基准点(BM1、BM2、BM3、BM4),构成水平和垂直位移监测基准网,基准点均设置在第 6 跨以外稳定的墩柱上。BM1 ~ BM3 基准点为常用观测基准点,BM4 为校核基准点,当测量发现监测基准网有异常时,采用基准点 BM4 进行校核，基准点 BM4 布设于 10-1 号柱。图 9-9 所示为监测系统布置平面图。

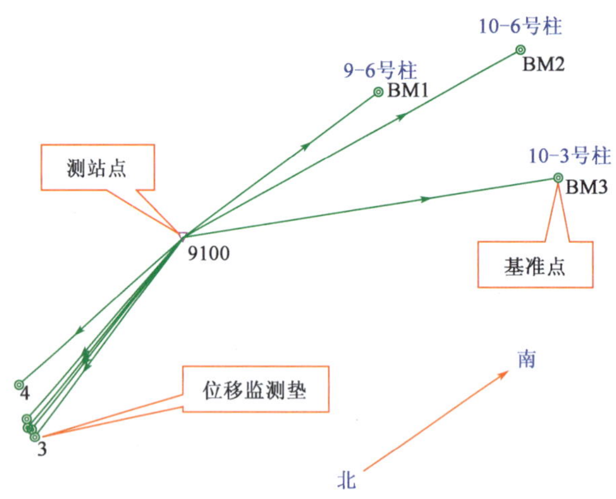

图 9-9　全站仪位移监测系统布设平面图

工况 1 重点监测了施工期间 6-6 号柱和盖梁的变形情况，并监测了上部支座脱空边梁的位移发展，具体监测点的布设位置示意如图 9-10 所示。

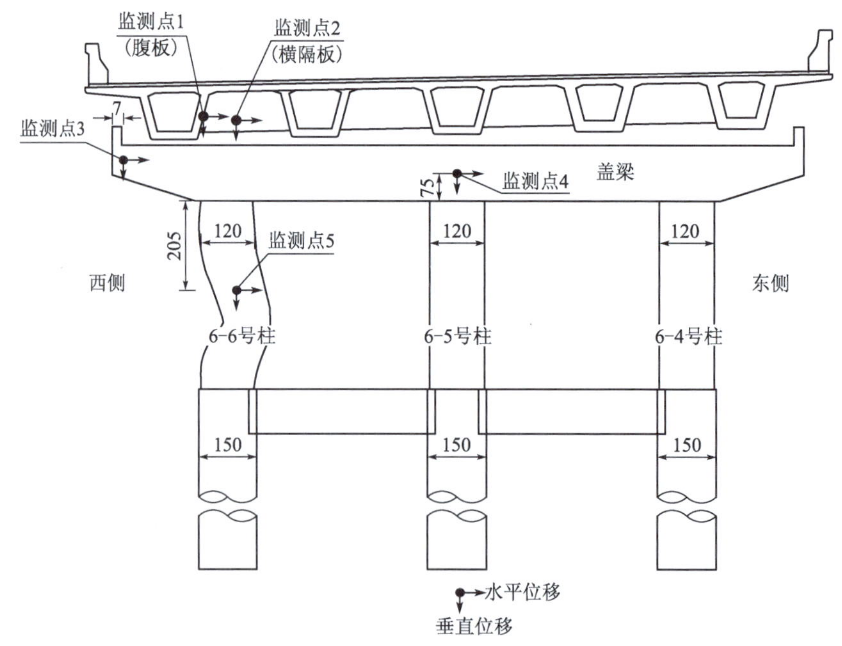

图 9-10　工况 1 测点布置示意图(尺寸单位:cm)

3）测点变形数据及曲线

该工况施工期间，测点的水平和竖向变形量观测基本情况分别如表 9-4 和表 9-5 所示。该工况施工期间，测点的水平和竖向累计位移曲线分别如图 9-11 和图 9-12 所示。

工况 1 测点水平位移概况 表 9-4

测点	工况 1 观测次数	累计水平变形量(mm)	工况 1 期间水平变形量(mm)	平均变形速率(mm/d)	备注
监测点 1	28	-1.2	-1.2	-0.2	主梁腹板
监测点 2	28	0.8	0.8	0.1	主梁横隔板
监测点 3	28	-27.7	-27.7	-4.6	盖梁西端
监测点 4	28	-27.9	-27.9	-4.7	盖梁中部
监测点 5	28	-33.0	-33.0	-5.5	6-6 号柱中上部

注:测点水平累计位移向东为正,向西为负。

工况 1 测点竖向位移概况 表 9-5

测点	工况 1 观测次数	累计水平变形量(mm)	工况 1 期间竖向变形量(mm)	平均变形速率(mm/d)	备注
监测点 1	28	0.8	0.8	0.1	主梁腹板
监测点 2	28	1.5	1.5	0.3	主梁横隔板
监测点 3	28	5.1	5.1	0.9	盖梁西端
监测点 4	28	-0.6	-0.6	-0.1	盖梁中部
监测点 5	28	2.7	2.7	0.5	6-6 号柱中上部

注:测点竖向累计位移向上为正,向下为负。

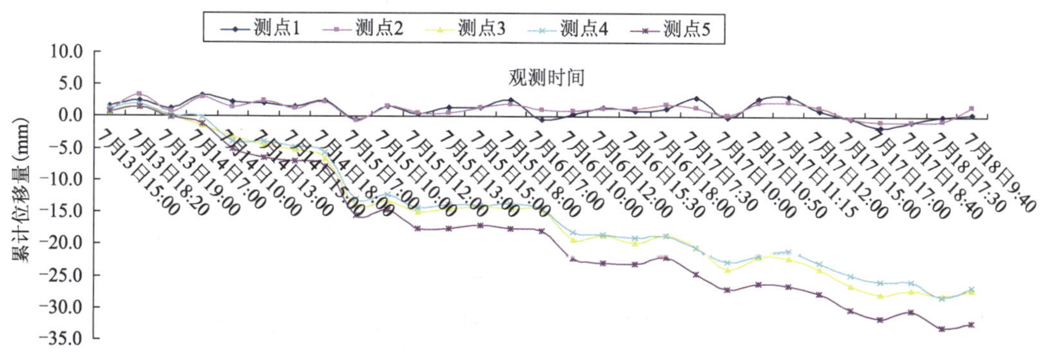

图 9-11 工况 1 测点水平累计位移曲线

4) 工况 1 监测小结

监测数据显示,该期间主梁基本稳定,在靠近桥墩位置卸载清挖建筑垃圾过程中,桥墩和盖梁向西恢复变形速率较快,为保证安全,监测方及时进行了报警并将监测数据反馈给业主和施工方,控制了卸载速度,避免了结构的急剧变形,保证了人员和结构安全。

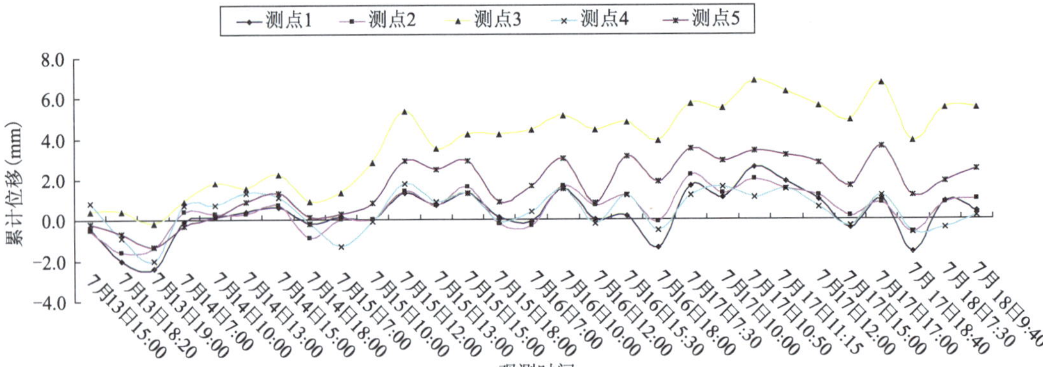

图 9-12 工况 1 测点竖向累计位移曲线

9.2.2 工况 2 - 临时斜撑施工期间变形监测

1) 监测期施工内容

自 2014 年 7 月 18 日 ~7 月 27 日，现场主要施工内容为 6 号墩西侧桩基、承台和临时斜撑施工。在 19 日上午埋设钢护筒和钻桩过程中加强了观测，在 20 日上午桩位处建筑垃圾开挖清除和换填土期间加强了观测，在 21 日承台位置基坑开挖期间加强了观测。图 9-13 为该阶段施工开始时 6 号墩周边情况示意；图 9-14 为该阶段施工结束时 6 号墩周边情况示意图。

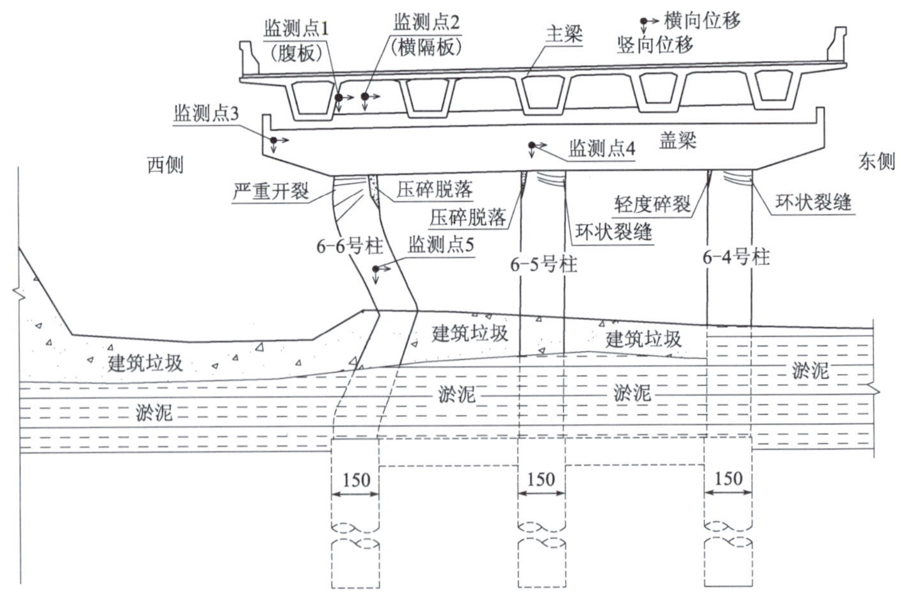

图 9-13 临时支撑安装前 6 号墩周边情况示意图(尺寸单位：cm)

2) 监测基准网与测点

工况 2 监测基准网的布设和测点布设同工况 1。

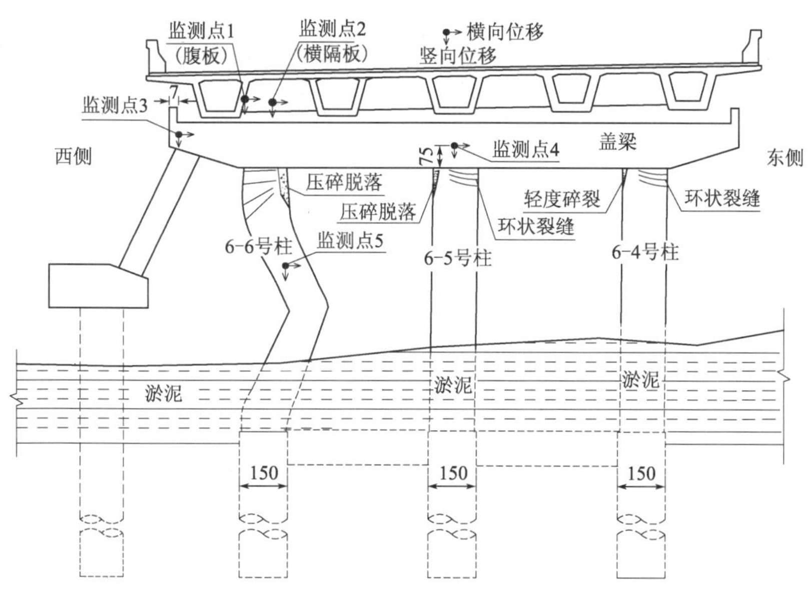

图 9-14 临时支撑安装后 6 号墩周边情况示意图(尺寸单位:cm)

3)测点变形数据及曲线

该工况施工期间,测点的水平和竖向变形量观测基本情况分别如表 9-6 和表 9-7 所示。该工况施工期间,测点的水平和竖向累计位移曲线分别如图 9-15 ~ 图 9-18 所示。

工况 2 测点水平位移概况 表 9-6

测 点	工况 2 观测次数	累计水平变形量(mm)	工况 2 期间水平变形量(mm)	平均变形速率(mm/d)	备 注
监测点 1	70	-0.6	-0.6	-0.1	主梁腹板
监测点 2	70	-0.7	-1.4	-0.1	主梁横隔板
监测点 3	70	-38.2	-30.3	-3.0	盖梁西端
监测点 4	70	-39.7	-31.2	-3.1	盖梁中部
监测点 5	70	-56.7	-46.6	-4.7	6-6 号柱中上部

注:测点水平累计位移向东为正,向西为负。

工况 2 测点竖向位移概况 表 9-7

测 点	工况 2 观测次数	累计竖向变形量(mm)	工况 2 期间竖向变形量(mm)	平均变形速率(mm/d)	备 注
监测点 1	70	1.8	1.0	0.1	主梁腹板
监测点 2	70	2.1	0.6	0.1	主梁横隔板
监测点 3	70	14.5	9.4	0.9	盖梁西端

续上表

测　点	工况 2 观测次数	累计竖向变形量(mm)	工况 2 期间竖向变形量(mm)	平均变形速率(mm/d)	备　注
监测点 4	70	－1.0	－0.4	0.0	盖梁中部
监测点 5	70	6.9	4.2	0.4	6-6 号柱中上部

注:测点竖向累计位移向上为正,向下为负。

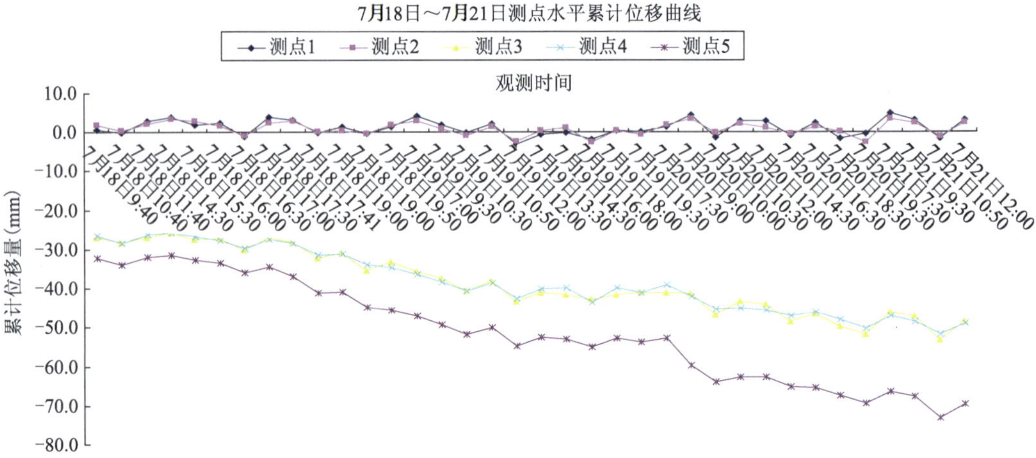

图 9-15　工况 2 测点水平累计位移曲线(1/2)

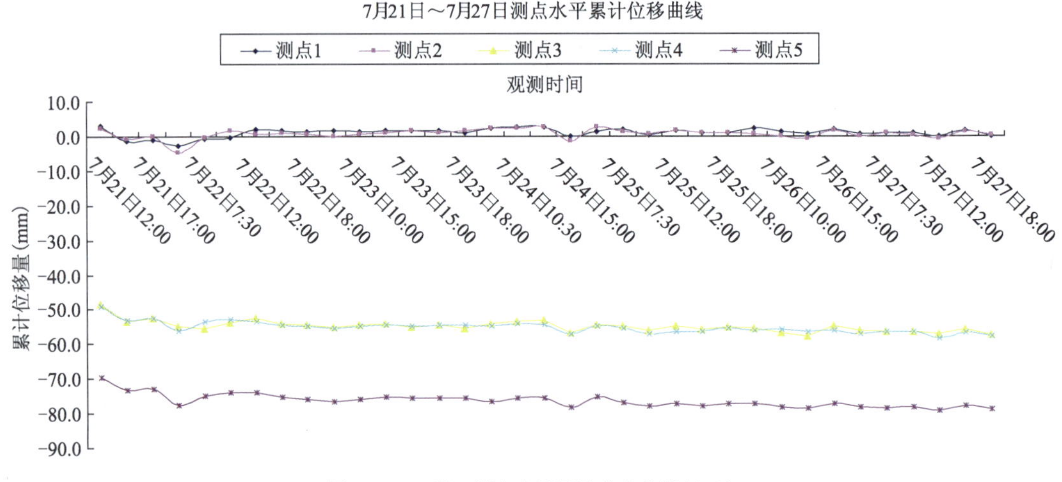

图 9-16　工况 2 测点水平累计位移曲线(2/2)

4)工况 2 监测小结

监测数据显示,该期间主梁基本稳定,在桩位处建筑垃圾清挖和承台基坑开挖过程中桥墩、盖梁累计向西恢复变形,结构总体变形平稳。在钻孔桩施工、桩位垃圾清运过程中和承台位置基坑开挖期间加强了观测,实时掌握了结构的变形情况。

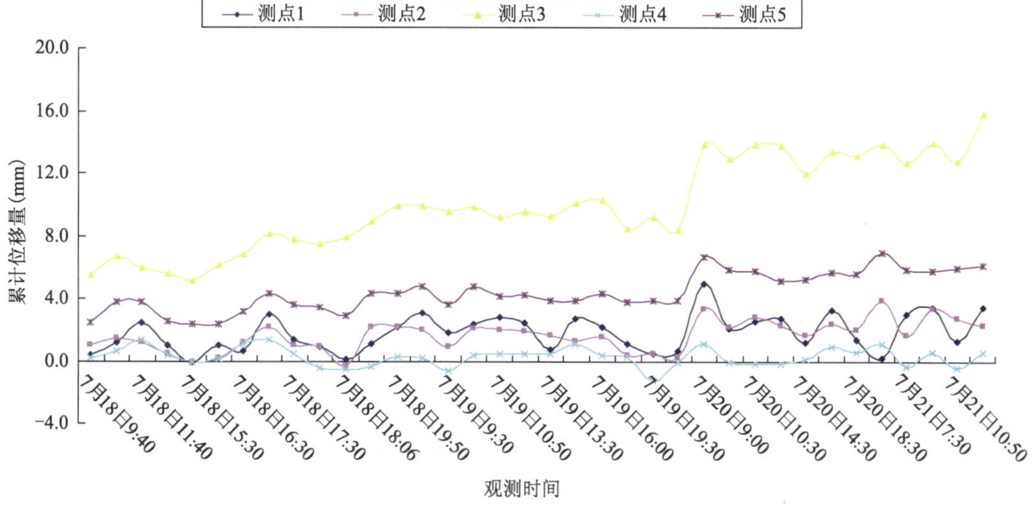

图 9-17　工况 2 测点竖向累计位移曲线(1/2)

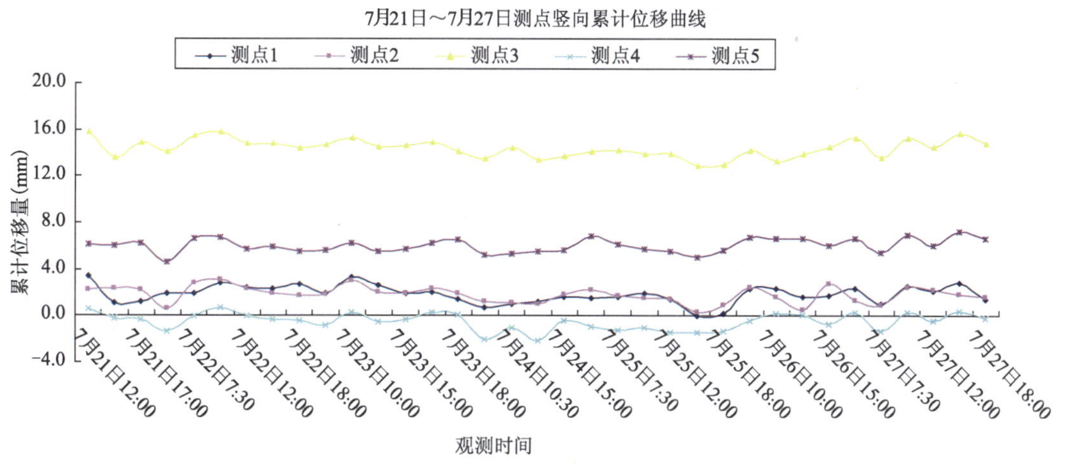

图 9-18　工况 2 测点竖向累计位移曲线(2/2)

9.2.3　工况 3－桥下清淤及换填期间变形监测

1)监测期施工内容

自 2014 年 7 月 27 日～8 月 07 日，现场主要施工内容为桥下清淤和换填，在清淤和换填过程中加强了结构变形监测，并对临时钢斜撑受力情况进行了监测。图 9-19 为该阶段施工开始时 6 号墩周边情况示意；图 9-20 为该阶段施工结束时 6 号墩周边情况示意图。

2)监测基准网与测点

工况 3 监测基准网的布设同工况 1。临时钢斜撑安装完毕后，在斜撑顶部和底部布设了变形监测点(监测点12、13),并开始对临时斜撑的变形监测,其余监测点同工况1。在临时斜撑的顶部和底部各布设了一个应力监测断面(SY1、XY1),以监测临时斜撑的应力变化。图9-21所示为工况3变形测点及应力监测断面布置示意图。

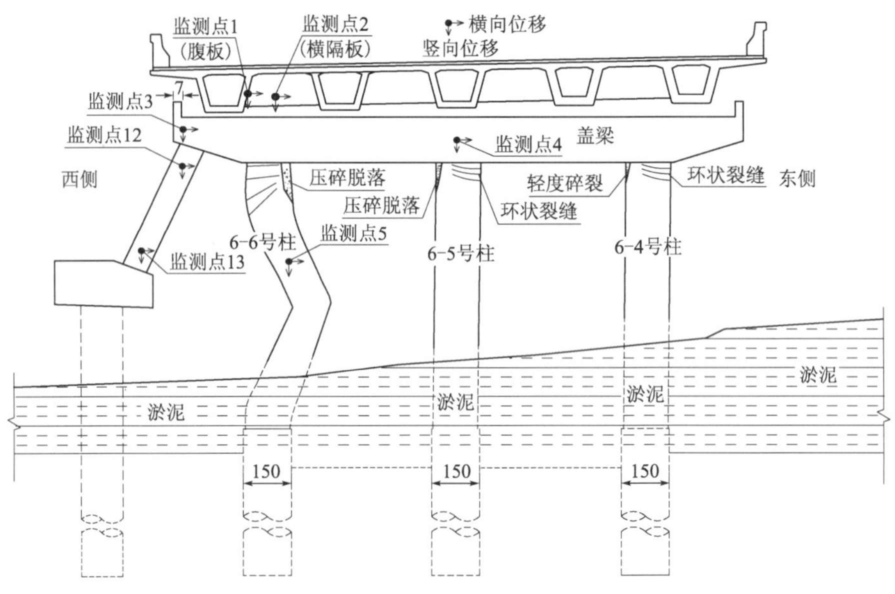

图9-19 桥下清淤换填前6号墩及周边情况示意图(尺寸单位:cm)

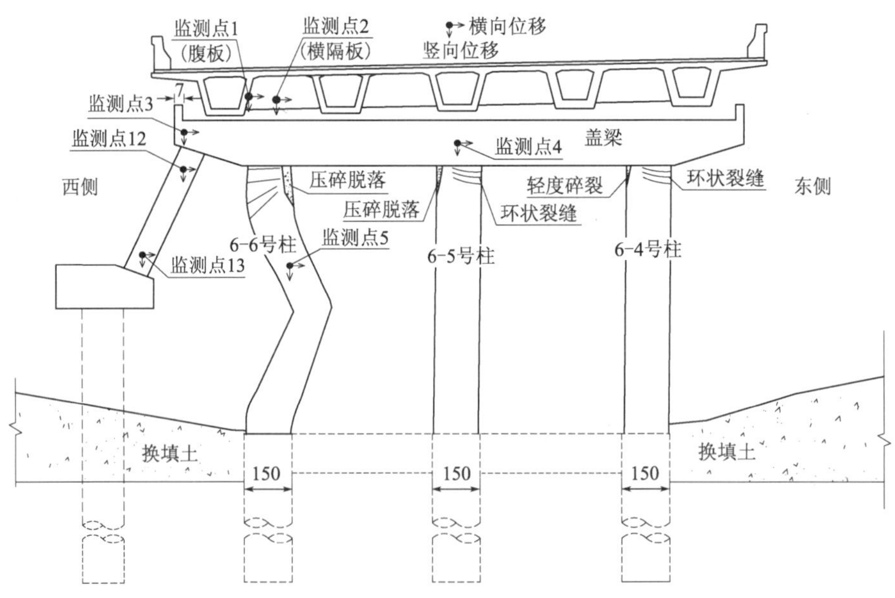

图9-20 桥下清淤换填后6号墩及周边情况示意图(尺寸单位:cm)

3)测点变形数据及曲线

该工况施工期间,测点的水平和竖向变形量观测基本情况分别如表9-8和表9-9所示。该工况施工期间,测点的水平和竖向累计位移曲线分别如图9-22~图9-27所示。

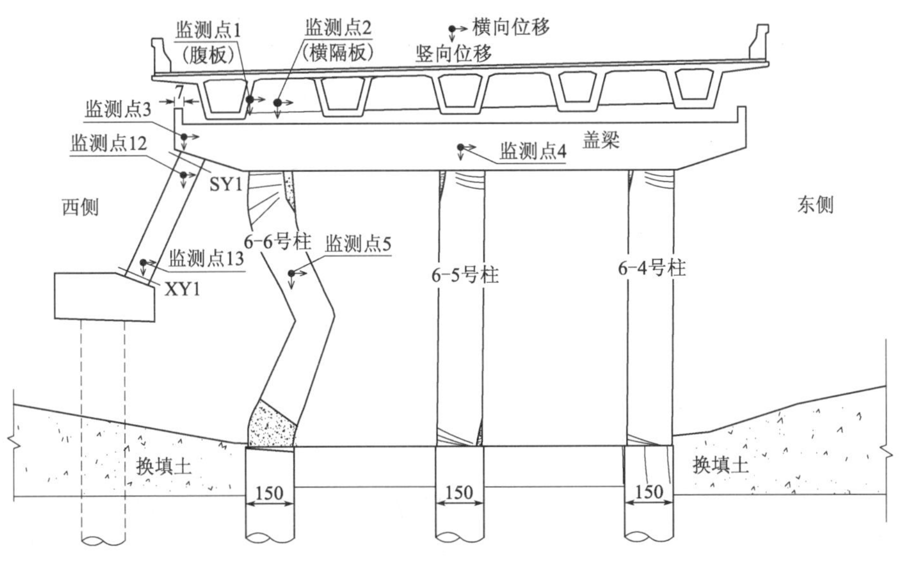

图 9-21　工况 3 变形测点及应力监测断面布置示意图(尺寸单位:cm)

工况 3 测点水平位移概况　　表 9-8

测　点	工况 3 观测次数	累计水平变形量(mm)	工况 3 期间横向变形量(mm)	平均变形速率(mm/d)	备　注
监测点 1	57	1.0	3.2	0.3	主梁腹板
监测点 2	57	1.0	1.5	0.1	主梁横隔板
监测点 3	57	-62.5	-5.2	-0.4	盖梁西端
监测点 4	57	-63.5	-5.7	-0.5	盖梁中部
监测点 5	57	-90.8	-12.7	-1.1	6-6 号柱中上部
监测点 12	42	1.5	1.5	0.1	斜向支撑上部
监测点 13	42	10.4	10.4	0.9	斜向支撑下部

注:测点水平累计位移向东为正,向西为负。

工况 3 测点竖向位移概况　　表 9-9

测　点	工况 2 观测次数	累计竖向变形量(mm)	工况 2 期间竖向变形量(mm)	平均变形速率(mm/d)	备　注
监测点 1	70	4.4	2.6	0.2	主梁腹板
监测点 2	70	4.4	2.3	0.2	主梁横隔板
监测点 3	70	19.1	4.6	0.4	盖梁西端
监测点 4	70	0.2	1.2	0.1	盖梁中部
监测点 5	70	9.7	2.8	0.2	6-6 号柱中上部

续上表

测　点	工况2观测次数	累计竖向变形量(mm)	工况2期间竖向变形量(mm)	平均变形速率(mm/d)	备　注
监测点12	42	3.5	3.5	0.3	斜向支撑上部
监测点13	42	-0.3	-0.3	0.0	斜向支撑下部

注:测点竖向累计位移向上为正,向下为负。

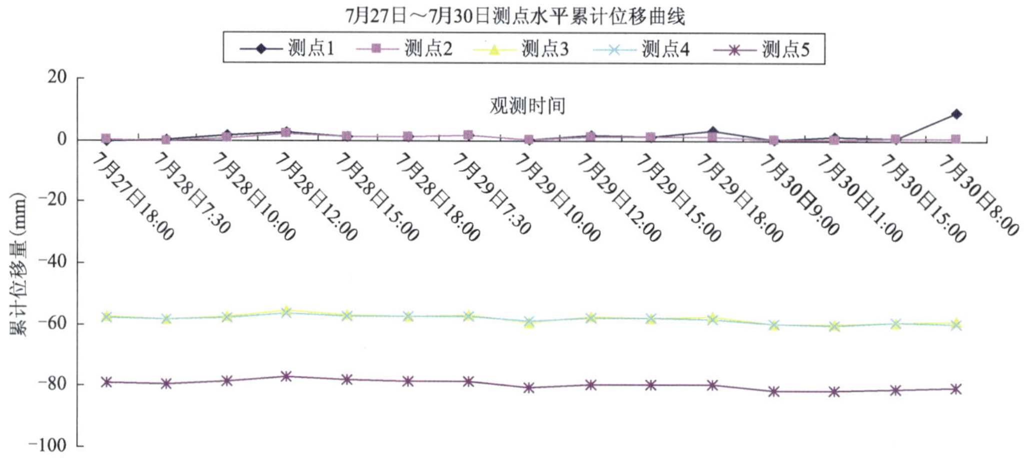

图9-22　测点水平累计位移曲线(1/3)

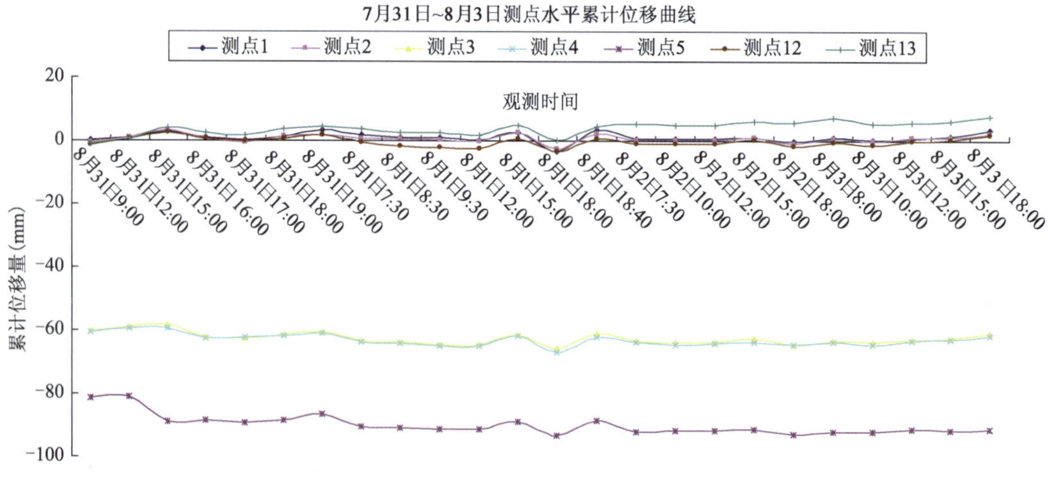

图9-23　测点水平累计位移曲线(2/3)

4)临时斜撑应力监测

临时钢斜撑安装完成后,在斜撑的顶部和底部各布设了一个应力监测断面(SY1、XY1),以监测临时斜撑的应力变化。该工况施工期间,临时斜撑的应力变化如表9-10所示。

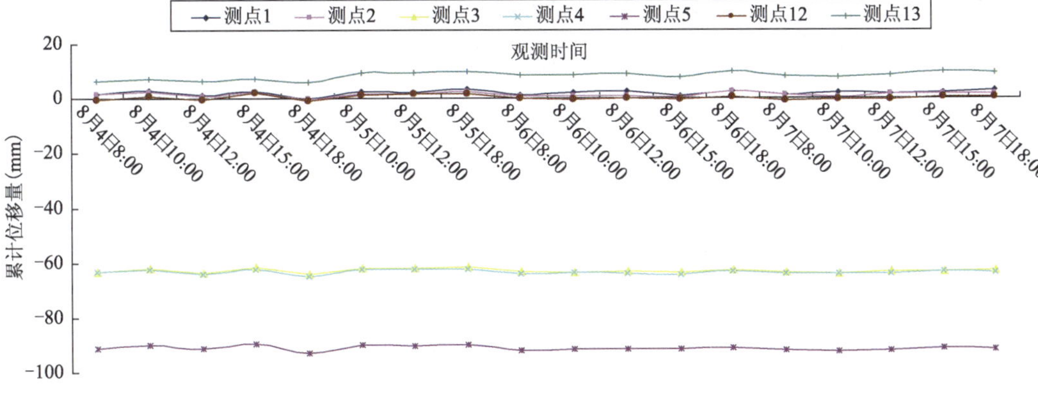

图 9-24　测点水平累计位移曲线(3/3)

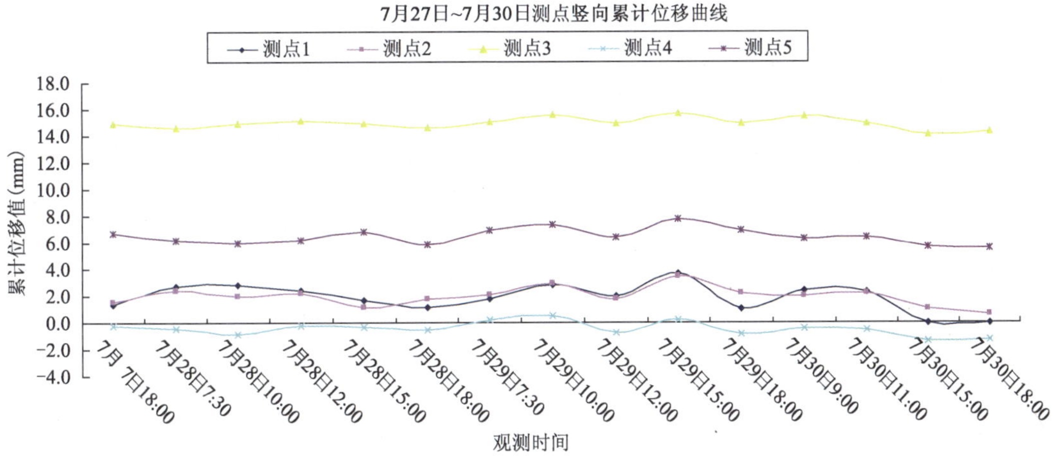

图 9-25　测点竖向累计位移曲线(1/3)

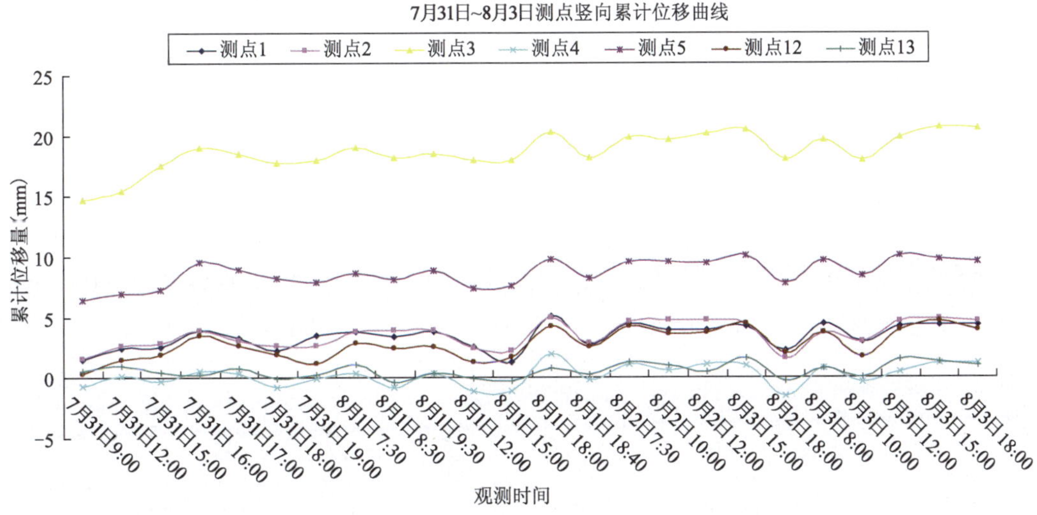

图 9-26　测点竖向累计位移曲线(2/3)

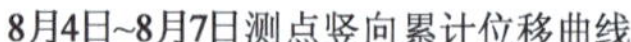

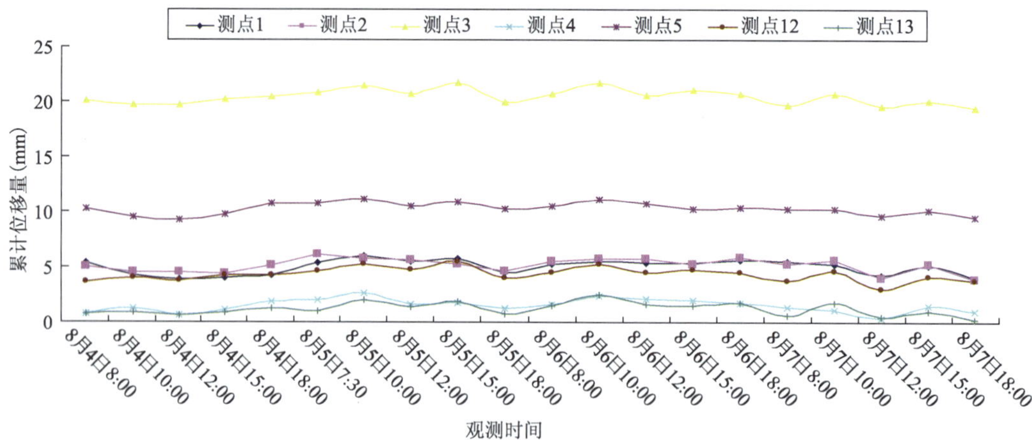

图 9-27　测点竖向累计位移曲线(3/3)

临时斜撑应力变化表　　表 9-10

测试时间	SY1 截面		XY1 截面	
	累计应变增量(με)	累计应力增量(MPa)	累计应变增量(με)	累计应力增量(MPa)
2014 年 7 月 31 日 9:05	-19.9	-4.2	-14.3	-3.0
2014 年 7 月 31 日 15:30	-17.0	-3.6	-26.8	-5.6
2014 年 7 月 31 日 16:40	-4.2	-0.9	-27.9	-5.9
2014 年 7 月 31 日 17:40	5.0	1.1	-26.0	-5.5
2014 年 7 月 31 日 18:50	8.3	1.7	-29.5	-6.2
2014 年 8 月 1 日 6:20	20.2	4.3	-17.2	-3.6
2014 年 8 月 1 日 15:50	-7.1	-1.5	-36.2	-7.6
2014 年 8 月 1 日 17:40	6.2	1.3	-52.8	-11.1
2014 年 8 月 1 日 18:46	17.5	3.7	-39.5	-8.3
2014 年 8 月 2 日 8:40	0.8	0.2	-47.0	-9.9
2014 年 8 月 2 日 15:10	-22.7	-4.8	-58.0	-12.2
2014 年 8 月 3 日 10:00	-9.4	-2.0	-61.5	-12.9
2014 年 8 月 3 日 15:00	-13.9	-2.9	-60.7	-12.8
2014 年 8 月 3 日 18:00	3.9	0.8	-51.5	-10.8
2014 年 8 月 4 日 8:00	3.9	0.8	-53.0	-11.1
2014 年 8 月 4 日 15:00	-12.9	-2.7	-68.4	-14.4
2014 年 8 月 4 日 18:00	17.3	3.6	-49.9	-10.5

续上表

测试时间	SY1 截面		XY1 截面	
	累计应变增量(με)	累计应力增量(MPa)	累计应变增量(με)	累计应力增量(MPa)
2014 年 8 月 5 日 8:00	36.8	7.7	-33.2	-7.0
2014 年 8 月 5 日 15:00	25.4	5.3	-48.4	-10.2
2014 年 8 月 5 日 18:00	30.3	6.4	-84.0	-17.6
2014 年 8 月 6 日 8:00	28.9	6.1	-42.6	-8.9
2014 年 8 月 6 日 12:00	32.8	6.9	-40.5	-8.5
2014 年 8 月 6 日 16:00	49.0	10.3	-22.0	-4.6
2014 年 8 月 7 日 10:00	49.2	10.3	-27.0	-5.7
2014 年 8 月 7 日 15:00	52.4	11.0	-30.8	-6.5

注:表中正值为拉应力,负值为压应力。

由表 9-10 可知,临时斜撑 SY1 断面累计应力增量最大值为 11.0MPa(拉应力),XY1 断面累计应力增量最大值为 -17.6MPa(压应力),其应力值均远小于钢材的设计抗拉和抗压强度,临时支撑处于安全受力状态。

5)工况 3 监测小结

在桥下清淤和换填过程中加强了结构变形监测,监测数据显示该期间主梁向上位移 4~5mm,桥墩及盖梁仍然总体向西恢复变形。由于临时斜撑已安装,桥墩及盖梁变形放缓,截至 8 月 7 日桥下清淤完成。由于承台东侧填土和淤泥清挖卸载,斜撑底部监测点 13 向东有 6~7mm 位移,卸载后已趋于稳定。结构总体变形平稳。临时钢斜撑顶、底部监测断面应力增量较小,处于安全受力状态。

9.2.4 工况 4 - 桥下临时支撑施工期间变形监测

1)监测期施工内容

自 2014 年 8 月 8 日~8 月 18 日,现场主要施工内容为桥下临时支撑扩大基础、临时钢立柱施工安装,施工期间对 6 号墩柱、盖梁和上部主梁进行变形监测,并对临时钢斜撑受力情况进行了监测。图 9-28 为该阶段施工开始时 6 号墩周边情况示意;图 9-29 为该阶段施工结束时 6 号墩周边情况示意图。

2)监测基准网与测点

工况 4 监测基准网的布设同工况 1。结构变形监测点和应力监测断面同工况 3。

3)测点变形数据及曲线

该工况施工期间,测点的水平和竖向变形量观测基本情况分别如表 9-11 和表 9-12 所示。该工况施工期间，测点的水平和竖向累计位移曲线分别如图 9-30 和图 9-31 所示。

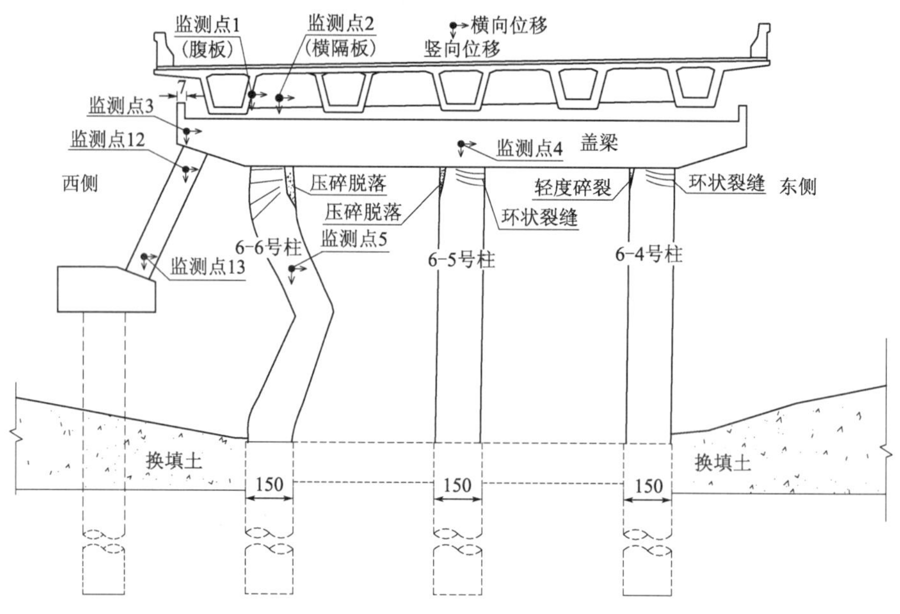

图 9-28　桥下临时支撑施工前 6 号墩及周边情况示意图（尺寸单位：cm）

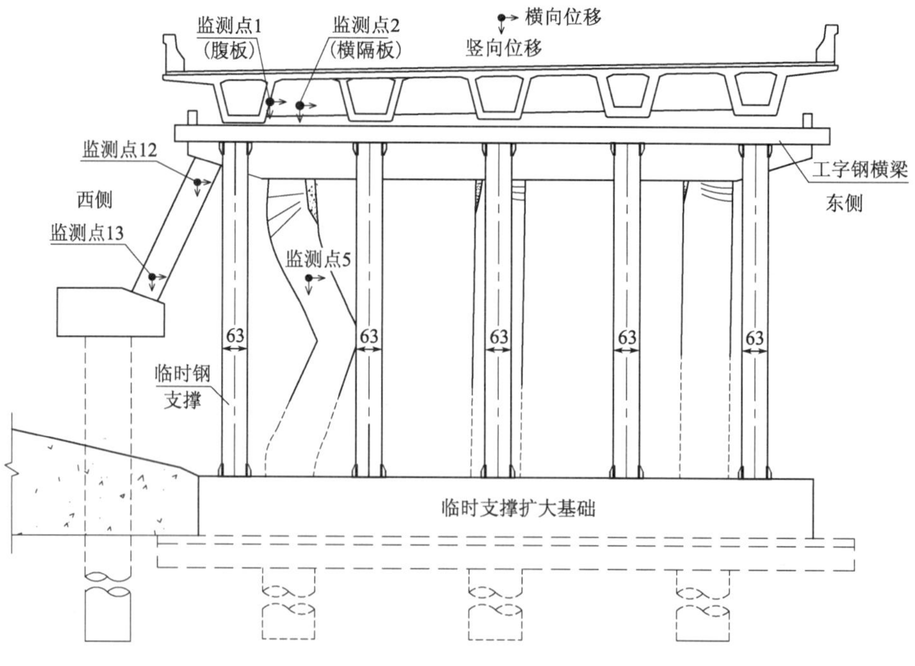

图 9-29　桥下临时支撑施工后 6 号墩及周边情况示意图（尺寸单位：cm）

4）临时斜撑应力监测

该工况施工期间，临时斜撑的应力变化如表 9-13 所示。

工况4测点水平位移概况 表9-11

测 点	工况4观测次数	累计水平变形量(mm)	工况4期间横向变形量(mm)	平均变形速率(mm/d)	备 注
监测点1	42	-2.6	-1.4	-0.1	主梁腹板
监测点2	35	-0.5	-1.4	-0.1	主梁横隔板
监测点3	16	-64.7	-1.5	-0.1	盖梁西端
监测点4	42	-67.6	-3.3	-0.3	盖梁中部
监测点5	23	-92.1	0.2	0.0	6-6号柱中上部
监测点12	42	1.8	1.4	0.1	斜向支撑上部
监测点13	16	9.1	-1.3	-0.1	斜向支撑下部

注:测点水平累计位移向东为正,向西为负。

工况4测点竖向位移概况 表9-12

测 点	工况4观测次数	累计竖向变形量(mm)	工况4期间竖向变形量(mm)	平均变形速率(mm/d)	备 注
监测点1	42	5.5	1.1	0.1	主梁腹板
监测点2	35	6.0	1.6	0.1	主梁横隔板
监测点3	16	20.8	1.7	0.2	盖梁西端
监测点4	42	0.9	0.7	0.1	盖梁中部
监测点5	23	11.6	0.8	0.1	6-6号柱中上部
监测点12	42	4.1	0.6	0.1	斜向支撑上部
监测点13	16	0.2	0.5	0.0	斜向支撑下部

注:测点竖向累计位移向上为正,向下为负。

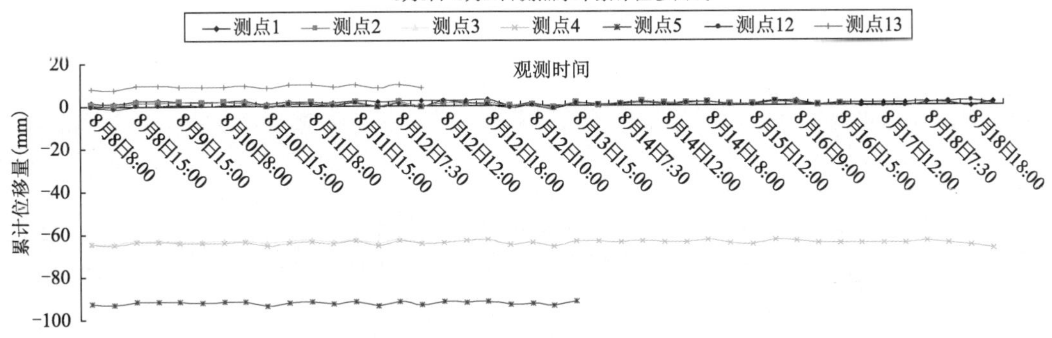

图9-30 测点水平累计位移曲线

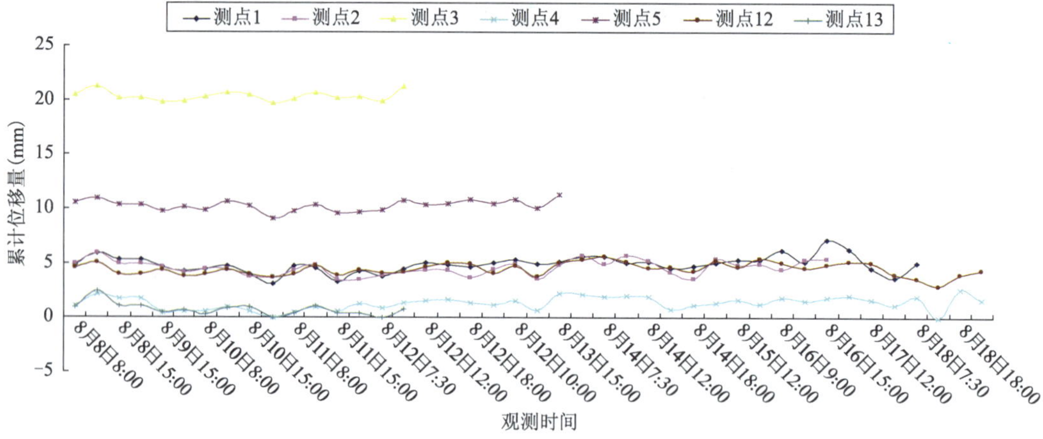

图 9-31　测点竖向累计位移曲线

临时斜撑应力变化　　　　表 9-13

观 测 时 间	截面 SY1		截面 XY1	
	累计应变增量（με）	累计应力增量（MPa）	累计应变增量（με）	累计应力增量（MPa）
2014 年 8 月 12 日 15:00	27.0	5.7	-94.6	-19.9
2014 年 8 月 12 日 18:00	27.8	5.8	-97.0	-20.4
2014 年 8 月 13 日 8:00	39.5	8.3	-103.7	-21.8
2014 年 8 月 13 日 10:00	24.1	5.1	-100.6	-21.1
2014 年 8 月 13 日 15:00	19.1	4.0	-97.3	-20.4
2014 年 8 月 13 日 18:00	40.3	8.5	-94.8	-19.9
2014 年 8 月 14 日 8:00	49.9	10.5	-95.2	-20.0
2014 年 8 月 14 日 12:00	24.3	5.1	-99.7	-20.9
2014 年 8 月 14 日 15:00	6.7	1.4	-96.8	-20.3
2014 年 8 月 14 日 18:00	43.6	9.1	-95.2	-20.0
2014 年 8 月 15 日 8:00	19.7	4.1	-106.8	-22.4
2014 年 8 月 15 日 12:00	-6.2	-1.3	-116.6	-24.5
2014 年 8 月 15 日 15:00	9.8	2.1	-105.8	-22.2
2011 年 8 月 17 日 8:00	30.5	6.4	-101.6	-21.3

注：表中正值为拉应力，负值为压应力。

由表 9-13 可知，临时斜撑 SY1 断面累计应力增量最大值为 10.5MPa（拉应力），XY1 断面累计应力增量最大值为 -24.5MPa（压应力），其应力值均远小于钢材的设计抗拉和抗压强度，临时支撑处于安全受力状态。

5）工况4 监测小结

监测数据显示，该期间主梁基本稳定，桥下临时支撑扩大基础、临时钢立柱施工安装中桥墩、盖梁累计向西恢复变形，由于临时支撑的施工导致部分测点遮挡无法观测，截至测点最后一次观测期间结构总体变形平稳。临时钢斜撑顶、底部监测断面应力增量较小，处于安全受力状态。

9.2.5 工况5－桥梁试顶升和顶升体系转换后变形监测

1）监测期施工内容

2014年8月19日，通过安放在临时钢支撑横梁上的PLC同步顶升千斤顶的顶升，桥梁完成结构体系的转换，上部结构荷载转由两侧临时支撑承担。完成体系转换后，被破坏的6号墩柱不再承受上部荷载作用，采用人工凿除的方式对盖梁、桥墩进行拆除；旧桥墩拆除后重新浇筑桥墩和盖梁，待新做桥墩、盖梁达到设计强度后，再次将上部结构荷载转由新做桥墩承担，并拆除临时钢支撑，最终完成施工。图9-32为该阶段施工开始时6号墩周边情况示意；图9-33为该阶段施工结束时6号墩周边情况示意图。

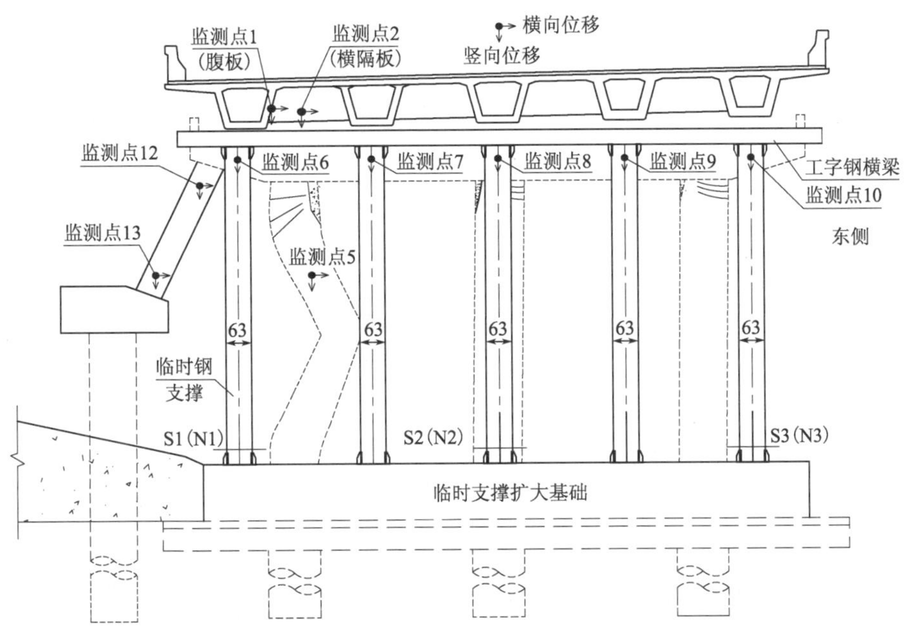

图9-32 该阶段施工前6号墩及周边情况示意图（尺寸单位：cm）

2）监测基准网与测点

变形监测采用多点后方交会进行测量，保证测量数据的精度。南侧立柱变形监测布设3个基准点（BM1、BM2、BM3），构成变形监测基准网，基准点均设置在第6跨以外稳定的墩柱上。北侧立柱变形监测布设3个基准点（BM5、BM6、BM7），构成水平和垂直位移监测基准网，基准点均设置在第6跨以外稳定的墩柱上。图9-34和图9-35所示分别为南侧、北侧立柱测点和监测基准网布置平面图。

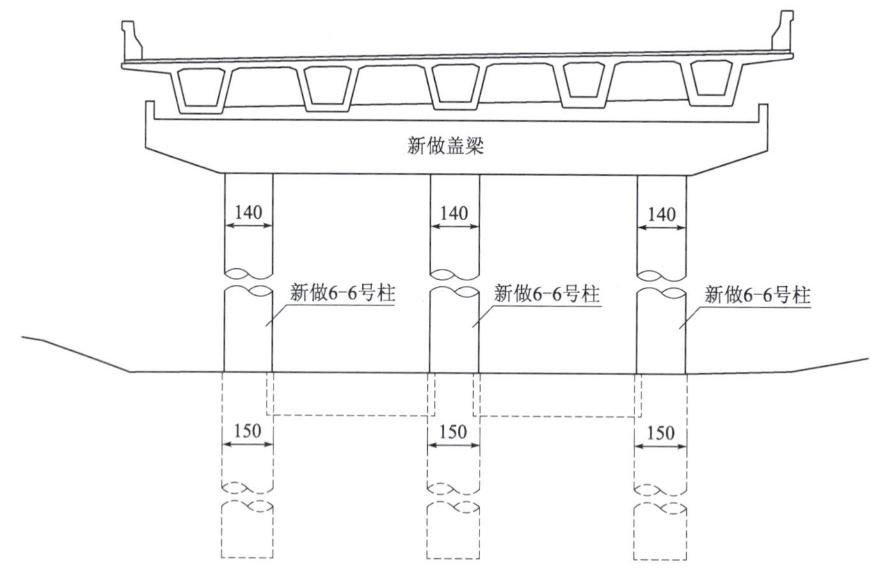

图 9-33　新做 6 号墩施工完成后(尺寸单位:cm)

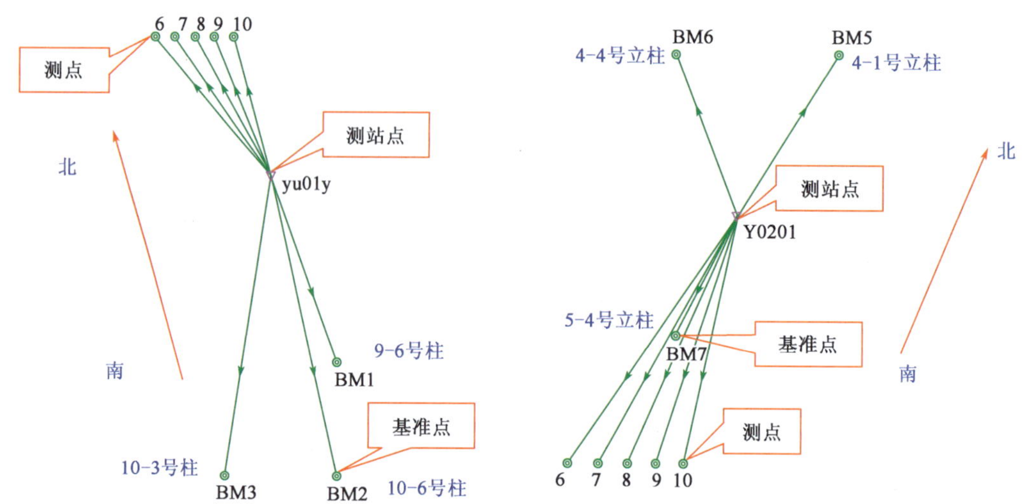

图 9-34　南侧钢立柱测点及基准网布置平面图

图 9-35　北侧钢立柱测点及基准网布置平面图

3)测点变形数据及曲线

该工况施工期间,测点的竖向累计位移(沉降)曲线分别如图 9-36 ~ 图 9-41 所示。

4)桥下临时钢支撑应力监测

桥下临时钢支撑安装完成后,在南北两侧各选择 3 根钢立柱在柱底布设应力监测断面,以监测临时斜撑的应力变化。该工况施工期间,桥下临时钢支撑的应力变化如表 9-14 和表 9-15 所示。

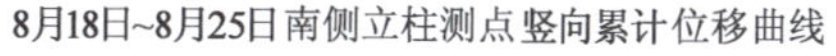

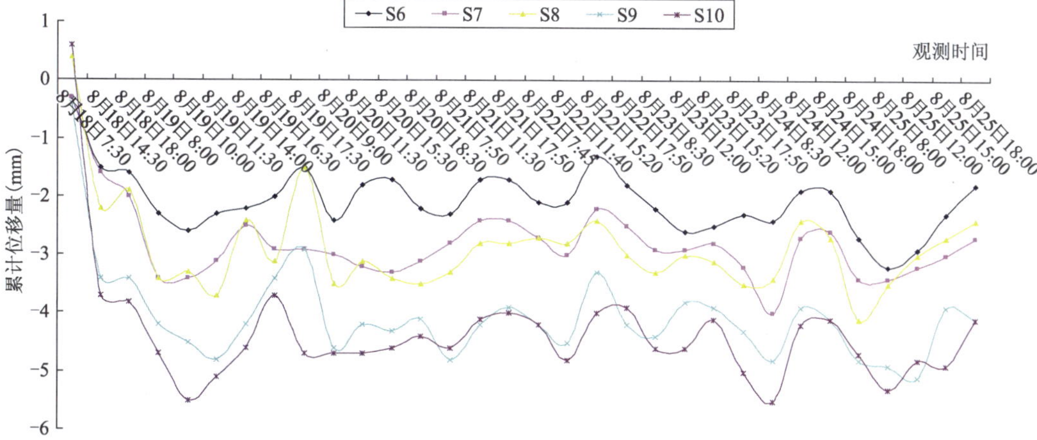

图9-36　南侧立柱测点竖向累计位移曲线(1/3)

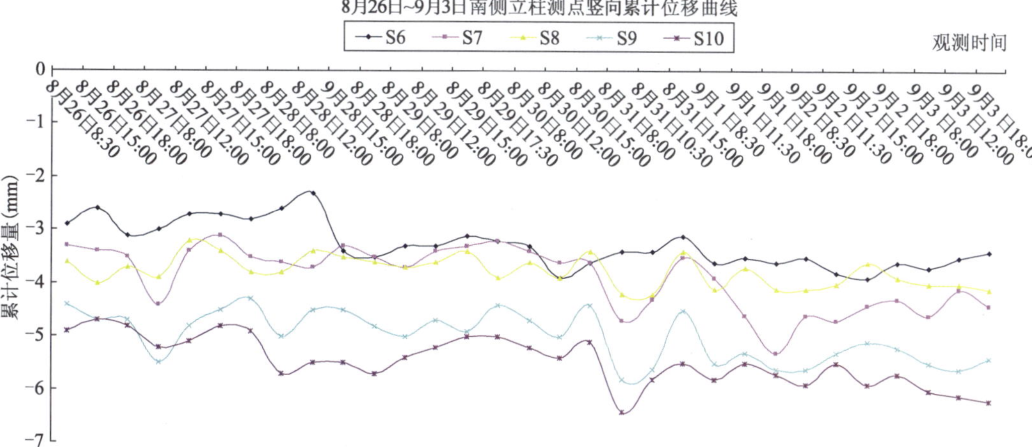

图9-37　南侧立柱测点竖向累计位移曲线(2/3)

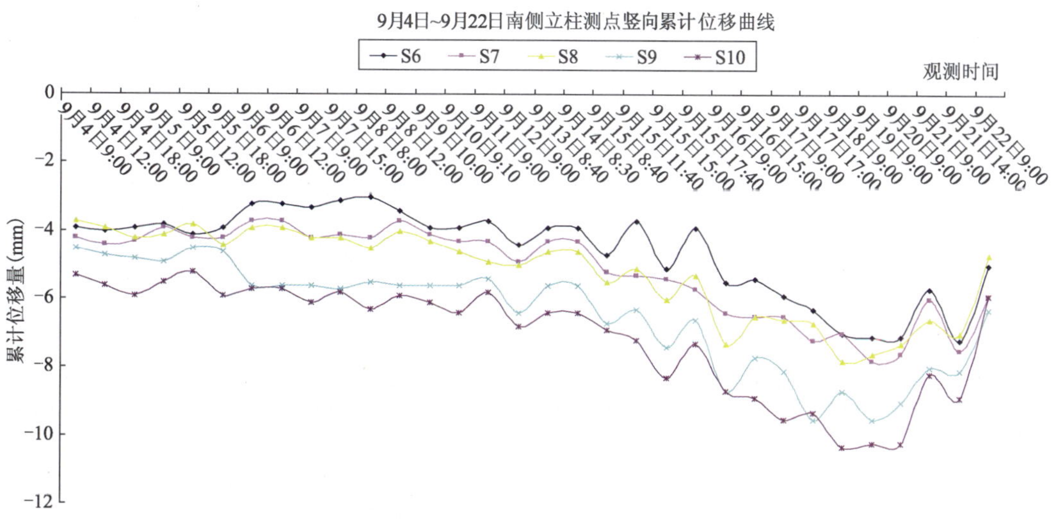

图9-38　南侧立柱测点竖向累计位移曲线(3/3)

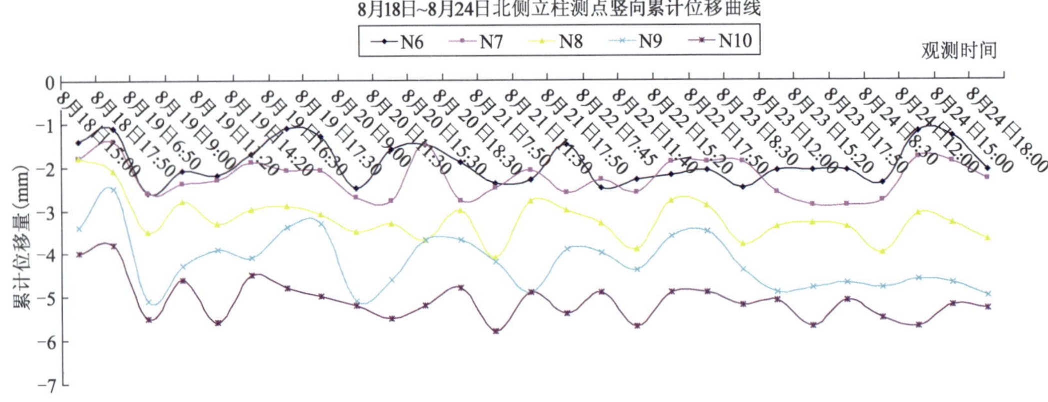

图 9-39　北侧立柱测点竖向累计位移曲线(1/3)

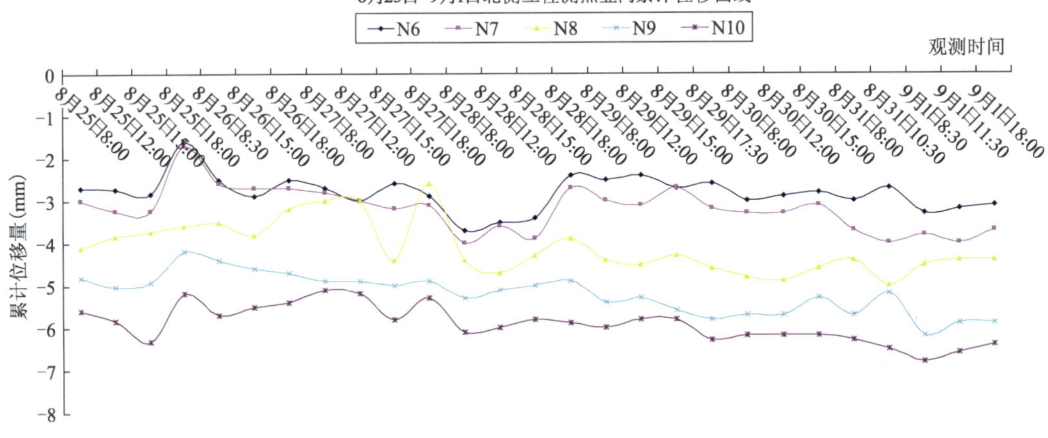

图 9-40　北侧立柱测点竖向累计位移曲线(2/3)

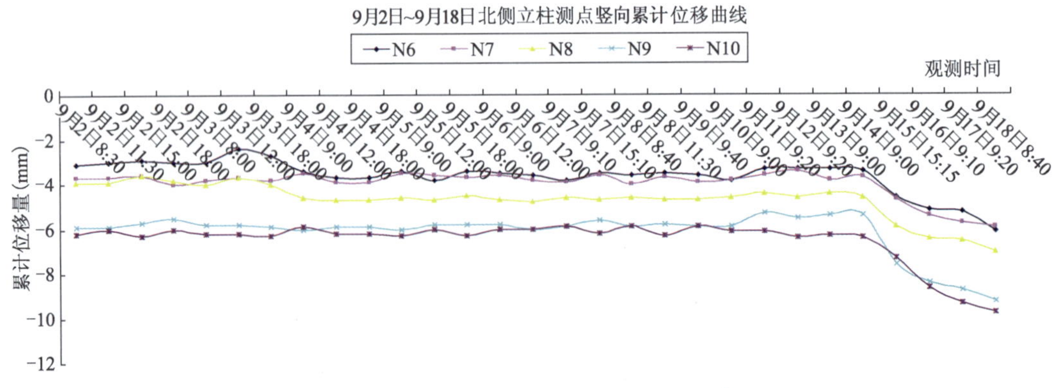

图 9-41　北侧立柱测点竖向累计位移曲线(3/3)

南侧立柱应力变化　　表 9-14

观测时间	截面 S1		截面 S2		截面 S3	
	累计应变增量(με)	累计应力增量(MPa)	累计应变增量(με)	累计应力增量(MPa)	累计应变增量(με)	累计应力增量(MPa)
2014年8月18日21:20	-27.6	-5.8	-110.6	-23.2	-62.9	-13.2
2014年8月18日22:45	-12.7	-2.7	-95.8	-20.1	-46.7	-9.8
2014年8月19日 6:45	-9.6	-2.0	-98.2	-20.6	-41.1	-8.6
2014年8月19日 9:15	-35.3	-7.4	-126.2	-26.5	-67.6	-14.2
2014年8月19日11:42	-52.4	-11.0	-138.9	-29.2	-83.1	-17.5

北侧立柱应力变化　　表 9-15

观测时间	截面 N1		截面 N2		截面 N3	
	累计应变增量(με)	累计应力增量(MPa)	累计应变增量(με)	累计应力增量(MPa)	累计应变增量(με)	累计应力增量(MPa)
2014年8月18日21:20	-35.3	-7.4	-61.6	-60.4	-52.5	-11.0
2014年8月18日22:45	-26.9	-5.6	-58.1	-57.7	-45.0	-9.5
2014年8月19日 6:50	-11.6	-2.4	-49.3	-42.2	-30.6	-6.4
2014年8月19日 9:20	-46.1	-9.7	-74.1	-78.6	-62.8	-13.2
2014年8月19日11:47	-62.6	-13.1	-87.0	-96.7	-75.3	-15.8

由表9-14可知，桥下南侧临时钢支撑监测断面累计应力增量为-29.2MPa(压应力)，远小于钢支撑的压强度设计值，立柱处于安全受力状态；由表9-15可知，桥下北侧临时钢支撑监测断面累计应力增量为-96.7MPa(压应力)，远小于钢支撑的压强度设计值，立柱处于安全受力状态。

5）工况5监测小结

该工况监测数据显示，该期间临时支撑及扩大基础基本稳定，总体沉降量较小。2014年9月13日之后6号墩附近因雨水聚集，导致临时钢支撑扩大基础及钢支撑被淹没，引起临时支撑明显沉降，但持续观测后显示总体沉降量较小，监测及时通知并要求施工单位在支座垫石达到强度后安放了永久支座，保证了上部结构安全。

9.3 施工效果评价

桥梁抢险施工期变形监测结果表明，在垃圾荷载初始卸载过程中，主梁变形基本稳定，桥墩和盖梁向卸载侧恢复变形较快，施工监控结果可有效地控制卸载速度，保证了施工安全。在建筑垃圾清挖、承台基坑开挖、盖梁临时斜撑施工和桥梁临时支撑施工期间，桥墩、盖梁累计向西侧恢复变形，结构总体变形平稳。

应力监测对抢修施工起到了很好的安全预警作用。各个施工阶段的监测结果表明，临时钢斜撑顶、底部监测断面应力增量较小，处于安全受力状态。

监测结果证明了采取的抢修施工方案及流程是安全有效的，施工过程监测是施工安全及顺利进行的重要保证。

第 10 章 郑州西南绕城须水河支沟桥抢修效果评价

实桥试验是检验桥梁结构性能的重要手段，本章对抢修加固后的郑州西南绕城高速须水河支沟桥进行现场荷载试验研究，根据试验结果对抢修加固效果进行评价，最后对本抢险加固项目的施工工艺特点及创新性进行归纳总结。

10.1 荷载试验

10.1.1 试验目的

郑州西南绕城高速须水河支沟桥抢修工程已顺利完成，为检验桥梁的承载能力是否满足现行规范的设计使用要求，对加固效果作出科学评估，需进行桥梁现场试验，做到充分了解桥梁在试验荷载下的静态参数和试验过程中结构混凝土的变形的发展趋势和裂缝变化情况，最终确保通车安全。

10.1.2 试验方案

1）测试对象的确定

由于本项目为预应力混凝土连续小箱梁桥，因 6 号墩出现了损坏情况进而导致该侧边跨和次边跨结构应力分布发生变化，因此将该两跨作为试验跨进行静荷载试验。试验过程中考虑到：①对于多跨连续梁，边跨和次边跨属于受力最不利区域；②抢修加固过程中该跨桥下清淤充分，桥下空间便于搭设脚手架进行测点的布设和试验的开展。

关键测试断面和测试项目的选择如图 10-1 所示，分别选取边跨的 0.4L 和 3L/4 截面，次边跨的跨中和 3L/4 截面作为关键截面，采用对称加载和偏载两种加载工况来模拟测试断面的设计正弯矩效应。

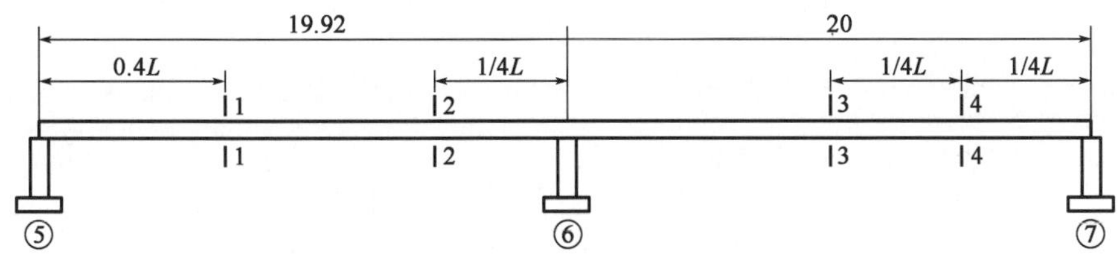

图 10-1 测试断面示意图（尺寸单位：m）

2)加载及测试方案

利用桥梁结构分析软件对该桥进行结构计算分析,通过对比确定设计内力计算时采用挂—120 荷载,外加车辆荷载模拟时选用如图 10-2 所示的 35t 三轴车辆进行计算,各工况的弯矩静载效率系数如表 10-1 所示。

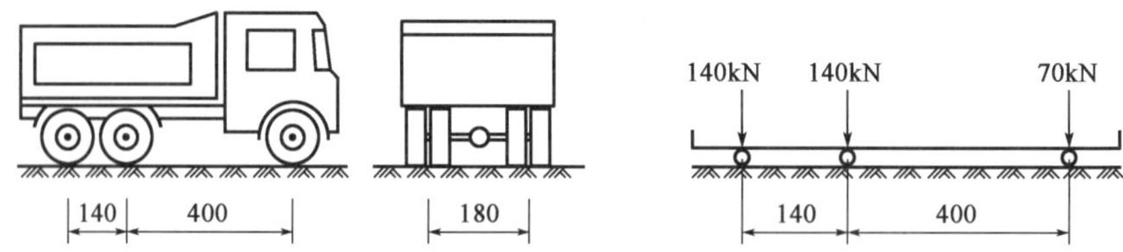

图 10-2 计算加载车辆示意图(尺寸单位:cm)

各工况弯矩静载效率系数一览表 表 10-1

工况	加载方式	设计弯矩(kN·m)	加载弯矩(kN·m)	加载效率
工况 1	偏心加载	240.6	1 201.2	0.97
工况 2	对称偏载	948.0	985.8	1.04
工况 3	偏心加载	499.0	478.8	0.96
工况 4	对称偏载	381.3	393.0	1.03
工况 5	偏心加载	1 005.9	991.6	0.99
工况 6	对称偏载	768.6	807.8	1.05
工况 7	偏心加载	495.5	470.7	0.95
工况 8	对称偏载	378.7	381.9	1.01

根据计算结果,试验共选择 6 辆 35t 加载车辆。试验车辆的选择应尽可能接近图 10-2所示的计算车辆,且应进行轴重测量。横桥向正偏载加载示意图如图 10-3 所示,纵桥向各工况的车辆布置位置则根据测试断面的内力影响线决定。

试验重点对挠度参数和已有裂缝病害的裂缝开展情况进行测量。挠度测量设备选用高精度水准仪,测点分别选在各加载控制断面处横桥向 5 片小箱梁中心处,测点布置示意图如图 10-4 所示。裂缝病害的观测采用裂缝观测仪进行。

3)试验终止条件

为保证试验安全,试验过程中采用分级加载,根据本次试验总车辆数,每个工况均分 6 级加载,加载过程中应随时观测数据变化,防止出现意外。一旦出现下列情况,应终止试验。

(1)测点挠度超过规范允许值时。

(2)由于加载使结构裂缝的长度、宽度急剧增加,新裂缝大量出现,缝宽超限的裂缝大量增多,对结构使用寿命造成较大的影响时。

(3)发生其他损坏,影响桥梁承载能力或正常使用时。

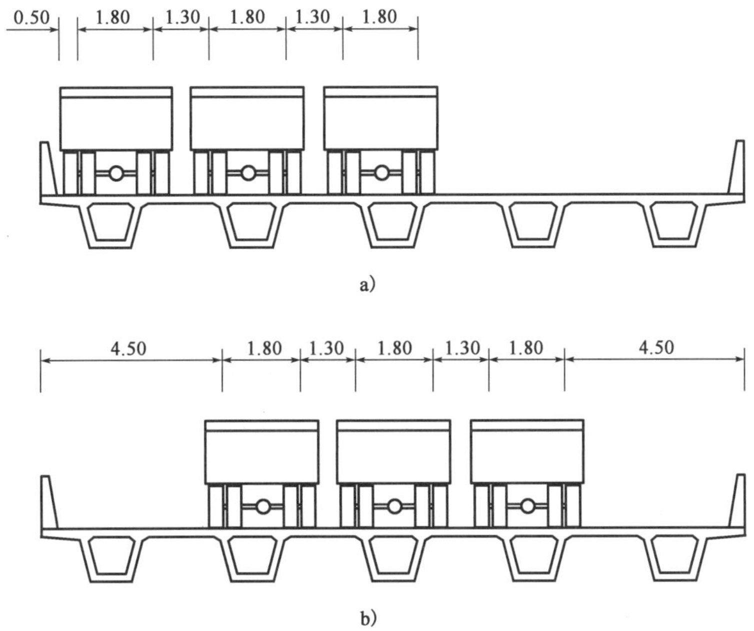

图 10-3 加载车辆横断面布置图(尺寸单位:m)

a)偏载;b)正载

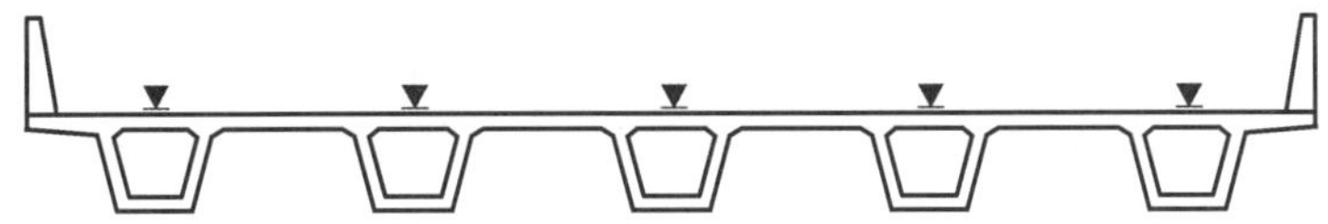

图 10-4 各断面挠度测点布置示意图

10.1.3 试验结果分析及评价

1)挠度结果

图 10-5 ~ 图 10-12 分别为 8 种试验工况下对应的加载截面的挠度实测结果与相应理论值的比较情况。由比较结果可知,各对称加载工况和偏心加载工况下,实测挠度均未超出理论挠度值,且各实测挠度最大值远小于《公路钢筋混凝土及预应力混凝土桥涵设计规范》(JTG D62—2004)中 $L/600$ 的规定,挠度校验系数位于 0.52 ~ 0.95,均满足规范中对于校验系数小于 1 的规定。

表 10-2 列出了 8 种试验工况下的残余挠度测试情况。从表 10-2 中可以看出,各工况下相对残余挠度较小,总体位于 0.3% ~ 18.4%,均满足规范中对相对残余挠度不大于 20% 的要求。试验结果说明,卸载后上部小箱梁结构处于弹性工作状态。

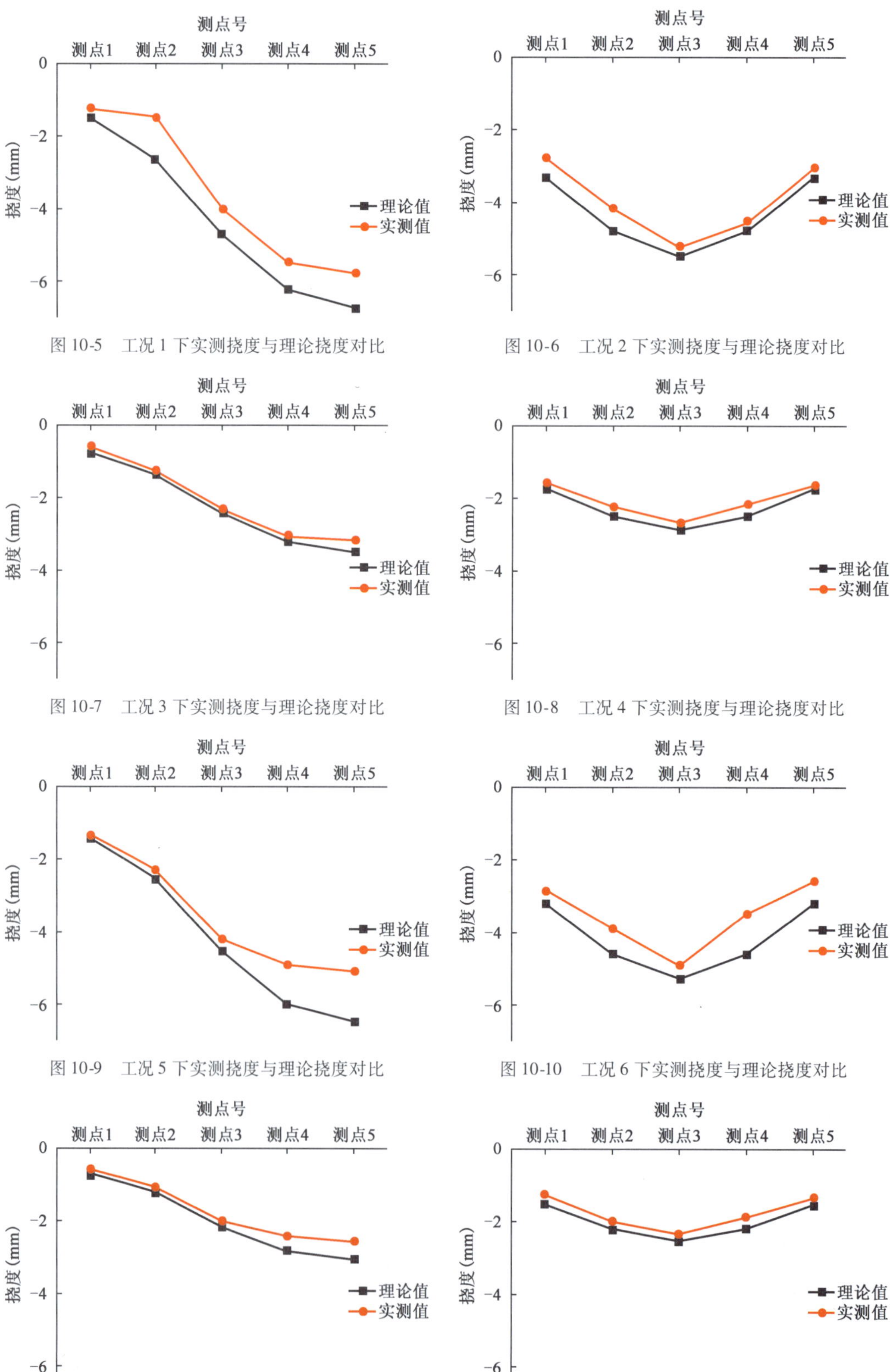

图 10-5　工况 1 下实测挠度与理论挠度对比

图 10-6　工况 2 下实测挠度与理论挠度对比

图 10-7　工况 3 下实测挠度与理论挠度对比

图 10-8　工况 4 下实测挠度与理论挠度对比

图 10-9　工况 5 下实测挠度与理论挠度对比

图 10-10　工况 6 下实测挠度与理论挠度对比

图 10-11　工况 7 下实测挠度与理论挠度对比

图 10-12　工况 8 下实测挠度与理论挠度对比

工况 1 ~ 工况 8 残余挠度数据一览表　　表 10-2

工况	截面	测点	残余挠度(mm)	最大挠度(mm)	相对残余(%)
工况 1 工况 2	1-1	1	-0.50	-2.79	17.9
		2	-0.32	-4.20	7.6
		3	-0.21	-5.25	4.0
		4	-1.01	-5.48	18.4
		5	-0.04	-5.77	0.7
工况 1 工况 2	2-2	1	-0.27	-1.57	17.2
		2	-0.38	-2.24	17.0
		3	-0.44	-2.68	16.4
		4	-0.07	-3.09	2.3
		5	-0.01	-2.98	0.3
工况 1 工况 2	3-3	1	-0.52	-2.84	18.3
		2	-0.71	-3.91	18.2
		3	-0.84	-4.93	17.0
		4	-0.68	-4.92	13.8
		5	-0.43	-5.10	8.4
工况 1 工况 2	4-4	1	-0.21	-1.26	16.7
		2	-0.33	-1.99	16.6
		3	-0.26	-2.34	11.1
		4	-0.42	-2.43	17.3
		5	-0.38	-2.59	14.7

2）裂缝发展情况

试验过程中通过对选取典型的裂缝病害进行观测发现(图 10-13)，各加载工况下上部小箱梁结构的裂缝宽度及长度无明显变化，裂缝基本无发展。

图 10-13　试验过程中裂缝观测

3）测试结果评价及建议

通过对试验挠度的校验系数、残余变形以及试验梁体裂缝病害的观测结果表明，在设计荷载标准下桥梁的整体挠度响应及刚度情况均小于理论值，且有一定的安全储备，上部结构在弹性范围内工作，现有裂缝病害情况较为稳定；同时测试结果也表明了各加载工况下新更换立柱、盖梁、支座及垫石均未出现明显的压缩塑性变形，采用的抢修加固方案和施工工艺均达到了预期效果。加固桥梁满足设计活载标准的正常使用要求，适合交通通行。

应及时对上部小箱梁裂缝进行封闭处理。交通通行后应加强对已有病害的观测，建议观测周期为1个月，前两周观测频率为一周两次，后两周为一周一次。

10.2 本项目特点及创新性

历经近两个月的抢修施工，郑州西南绕城须水河支沟桥应急抢险加固工程顺利完成，工程质量、施工进度、安全、成本等各项指标均达到了预期效果。经总结，该项目存在以下特点及创新性。

10.2.1 项目特点

1）抢修现场条件的复杂性

工程项目虽处于中原地带，不同于山区桥梁应急抢险时可能面对的交通通行难度大、材料及机械进场困难等特点，但通过前期的灾害现场调查发现，灾害桥墩地处最凹点，桥下淤泥层厚度深达7～8m，侧面垃圾堆积量大，卸载难度高，桥梁受力情况复杂，桥梁下部结构极不稳定，同时施工又恰逢雨季，因此施工前期施工条件极其复杂，做好抢险加固过程中可能出现的桥下积水、桥下安全威胁等关键问题的合理预案的制订，是抢修工程顺利完成的关键之一。同时，事发路段连接市区的重点高速路段，交通流量大，保通工作开展压力大。

2）桥下施工安全风险高

因桥梁出现的是下部结构破坏，桥梁结构体系发生明显变化，损坏立柱及上部小箱梁结构稳定性较差。土堆卸载、桥下清淤、立柱吊装等各个施工环节一旦对原有结构稍加扰动极有可能带来严重的安全事故。

比如在卸载阶段，土堆卸载会面临受损立柱的明显回弹变形，甚至出现上部桥面结构的过大变形，因此应严格控制卸载速度和卸载过程中保证上部保通人员的安全。在桥下清淤阶段，因清淤工作量大，应严格控制清淤速度和清淤机械对原有结构的扰动，保证桥下施工人员及机械安全施工。

需要指出的是，保证受损盖梁临时斜撑的施工质量和施工各个阶段的不间断监控和安全预警工作是施工安全的重要保障。

3）抢修施工难度大

抢修施工的空间有限问题贯穿整个应急抢修过程，从抢修初期临时斜撑基桩施工时机械操作，到桥下临时钢立柱支撑的吊装、脚手架平台的安装以及临时工字钢横梁的吊装,再到受损盖梁的凿除、新立柱盖梁模板的拼装、混凝土的浇筑,尤其是支座垫石混凝土的浇筑,面临的最大困难就是施工空间狭小,操作难度大。

4)施工进度要求高

应急抢修工作的一大特点,就是对施工进度的要求非常严格,施工队伍面临各方面的压力大,因此,不同于一般的桥梁施工。在保证质量和安全的前提下,抢修过程应尽可能地压缩工期,甚至多工序叠加进行。比如,抢修中 24h 不间断施工,采取边设计边施工等措施。

10.2.2 创新性

1)制订了科学合理的应急抢修预案

桥梁应急抢修工程是一个巨大的系统工程,除需要勘察、设计、施工、监控及监理等不同工作内容外,更为重要的是统一管理、协同工作和抢修进度的要求。根据现有的政策指导方针,本项目制订了科学合理的应急抢修预案,其中最为重要的是及时组建了项目管理委员会和专家技术委员会。项目管理委员对项目进行统一管理、调动各部门协同工作,是项目顺利进行的第一道保障。专家技术委员会则为加固方案的制订及审核提供了重要的技术支持。总之,鉴于应急抢修工程的特殊性,合理应急预案的制订以及管理(技术)委员会的组建更加保证了抢修项目的科学化、合法化。

2)制订了科学合理的加固设计方案

如前所述,桥墩立柱的损坏明显改变了桥梁受力体系,连续梁的负弯矩受力转变成为 2 倍桥梁跨径下的正弯矩受力,上部结构的安全储备能力急剧下降;下部三立柱式的盖梁体系转变成为悬臂式的盖梁体系,盖梁及立柱的稳定性也急剧降低。项目提出了采用侧面临时盖梁斜撑的抢修方案,在保证前期较为充分的施工空间下,最大限度地保证了后期施工的安全性和可靠性。同时,临时斜撑的桩基钢护筒作为立柱的临时支撑设备,桥下立柱支撑基础采用可操作性更强的扩大基础项目,加固设计方案思路清晰,科学合理。

3)采用了科学合理的抢修施工工艺

项目制订了科学合理的施工方案,采用了操作性强、效率高的施工工艺,选用了技术优良、执行能力强的施工队伍。施工方案环环相扣,同时做到了施工进度的最优化。施工前期对工程重难点作出预判分析,作出配套预案;临时斜撑基础施工时充分考虑地质情况,合理采用钻孔钻头设备;桥下钢管立柱吊装时选用经验丰富的吊装团队,桥下立柱吊装和临时脚手架平台同时施工,显著提高了施工进度。

4)采用了科学合理的监控预警技术

土堆卸载、桥下清淤、立柱吊装等各个施工环节一旦对原有结构稍加扰动极有可能带来严重的安全事故。项目制订了科学合理的监控预警技术,保证了桥梁的安全施工,避免了次生灾害事故的发生。对于盖梁临时斜撑和桥下钢立柱支撑，采用应变监测预警技术，同时配合激光挠度仪变形测试技术，制订了安全预警方案，一旦在卸载、清淤、桥面顶升甚至偶然的机械设备碰撞桥梁时出现应变超限，同时施工人员做好应急防范措施。施工监控也是指导施工、保证抢修施工质量的关键因素之一。

参考文献

[1] 李春. 地方干线公路桥梁与隧道突发断道应急抢修技术研究[D]. 重庆交通大学,2012.

[2] 张劲泉,李健,潘宝林. 我国震后桥梁快速评估技术研究现状[J]. 公路交通科技,2012,02:51-56,58,72.

[3] 高占军. 快速铁路桥梁抢修器材主要战术技术条件研究[J]. 铁道建筑技术,2012,01:1-5,24.

[4] 陆永林. 大跨径公路桥梁应急保障措施研究[J]. 国防交通工程与技术,2012,06:1-3,10.

[5] 薛天兵. 大型桥梁灾害性天气应急资源存储方式选择和应急调配研究[D]. 上海交通大学,2013.

[6] 吴荣桂. 城市桥梁安全事故应急技术对策研究[D]. 北京建筑大学,2013.

[7] 吴荣桂,王毅娟. 城市桥梁安全事故应急技术措施研究[J]. 北京建筑工程学院学报,2013,01:11-15.

[8] 高占军. 快速铁路桥梁抢修器材研制关键技术探讨[J]. 国防交通工程与技术,2013,05:25-27.

[9] 速凝混凝土应用控制技术研发成功[J]. 商品混凝土,2010,10:30.

[10] 田丰. 既有铁路抢修钢梁通车性能分析[J]. 国防交通工程与技术,2010,05:38-40.

[11] 谭崇杰,崔学民,纪彦飞,等. 八七铁路抢修钢桁梁在大跨度桥梁施工中的应用[J]. 甘肃科技,2011,01:126-127,79.

[12] 黄敏. 公路桥梁应急保障抢修措施探讨[J]. 交通企业管理,2011,02:49-50.

[13] 王海玲. 完善城市桥梁应急管理体系建设的几点思考[J]. 山西建筑,2011,12:244-245.

[14] 朱敏,许智艳,陈列. 某高墩大跨桥梁保障方案设计研究[J]. 国防交通工程与技术,2004,04:12-15.

[15] 申昊. 八七型下承式铁路应急抢修钢桁梁在列车荷载作用下的动力响应及行车安全性分析[D]. 北京交通大学,2010.

[16] 于志国,王树栋. 我国应急钢桥的研究应用与展望[J]. 石家庄铁道学院学报,2000,03:1-3.

[17] 高占军. 铁路高墩抢修器材的研究设计[J]. 国防交通工程与技术,2009,05:7-10.

[18] 欧阳初,徐关尧,朱杰. 装配式公路桥墩的设计[J]. 钢结构,2009,09:47-50.

[19] 尤明伦. 钢桁梁顶推架设设备的研制与使用[J]. 铁道建筑,1995,03:10-13.

[20] 葛俐莉. 桥梁工程建设中对船撞桥的主动防御措施研究[D]. 吉林大学,2013.

[21] 郭涛. 桥梁设计阶段安全风险评估研究[D]. 中南大学,2012.

[22] 张莉. 桥梁工程坍塌事故风险分析与对策研究[D]. 中南大学,2011.

[23] 韦清. 大跨径桥梁的建设风险研究[D]. 长安大学,2011.

[24] 刘艳芳. 桥梁施工过程重大安全风险动态监控[D]. 华中科技大学,2011.

[25] 宋建.城市桥梁运营期风险评估与对策研究[D].天津大学,2012.
[26] 高雪磊.高速公路桥梁施工风险评估优化研究[D].长安大学,2012.
[27] 尹紫红.大型复杂多通道交通项目运营期风险管理研究[D].西南交通大学,2013.
[28] 彭可可,F. Necati. Catbas,万志勇.桥梁工程设计的综合安全风险评估法研究[J].华东交通大学学报,2013,04:7-13.
[29] 肖玉辉,沈立宏.混凝土桥梁病害成因分析及对策研究[J].中外公路,2004,01:39-42.
[30] 陈红梅.钢筋混凝土桥梁病害分析及其维修加固[D].大连理工大学,2011.
[31] 刘山洪,刘毅.桥梁病害种类及处理方法[J].重庆交通大学学报(自然科学版),2008,S1:902-905.
[32] 谭志鹏.桥梁病害类型及成因分析[J].山西建筑,2008,11:314-315.
[33] 滕涛.快速修补技术在高速公路桥梁病害维修中的应用[J].华东公路,2008,03:91-94.
[34] 李华,马如进,陈艾荣.国内外桥梁病害标准的比较研究[J].上海公路,2013,01:44-49,13.
[35] 金玉泉.桥梁的病害及灾害[D].同济大学,2006.
[36] 张舍.浅谈公路桥梁病害的起因、检测与加固[J].安徽建筑工业学院学报(自然科学版),2005,01:39-43.
[37] 经柏林,谢华骞.既有混凝土桥梁病害调查及成因分析[J].中外公路,2005,01:70-73.
[38] 王泳道,麦国忠.广东省公路桥梁病害调查分析及整治[J].广东公路交通,2002,S1:137-141.
[39] 杨宇丹.浅析混凝土公路桥梁的常见病害[J].河南建材,2012,01:20-22.
[40] 马运朝,何少平,李清.高速公路桥梁病害分析与加固[J].基建优化,2007,04:92.
[41] 武同乐.桥梁加固后评价方法研究[D].长安大学,2004.
[42] 叶吉军.桥梁加固技术的研究与应用[D].同济大学,2007.
[43] 张亮亮.预应力混凝土空心板桥梁加固技术研究[D].武汉理工大学,2012.
[44] 周建廷.桥梁加固机理及加固准则探讨[J].重庆交通学院学报,2001,S1:26-28,33.
[45] 韦荣强.桥梁加固技术探析[J].科技信息,2011,17:316.
[46] 郭大进,廖锦翔,张劲泉,等.桥梁加固维修技术应用[J].公路交通科技,2004,08:71-73.
[47] 关天发.碳纤维复合材料在桥梁加固中的应用研究[D].暨南大学,2008.
[48] 史迎青.桥梁加固的研究与应用[D].合肥工业大学,2010.
[49] 李松辉.碳纤维布加固桥梁的设计理论研究[D].大连理工大学,2003.
[50] 杨立华.某公路桥梁加固后结构性能荷载试验研究[D].华南理工大学,2013.
[51] 傅燕峰.在役桥梁加固方案优选研究[D].长安大学,2011.
[52] 张树仁,宋建永,张颂娟.桥梁加固钢筋混凝土受弯构件斜截面承载力计算方法及试验研究[J].中国公路学报,2003,03:65-69.

[53] 汤轲. 公路桥梁加固的现状与特点研究[J]. 交通科技,2010,S2:45-48.
[54] 周泳涛,鲍卫刚,刘延芳,等. 桥梁加固工程关键技术研究[J]. 桥梁建设,2010,06:49-52.
[55] 边晶梅,朱浮声,高晓刚,等. 服役桥梁加固方案优选决策支持系统[J]. 中外公路,2009,02:156-161.
[56] 盛运顺. 高速公路桥梁加固施工技术要点探析[J]. 交通标准化,2013,17:74-76.